혼 · 잣 · 말

혼·잣·말

허남결 지음

모감
나무

인연의 끈, 기도의 힘

오랫동안 무늬로만 불자로 살아오다가 2004 년 4월부터 개인적인 일로 부처님 앞에 간절한 마음으로 기 도를 올리게 되었다. 동국대학교에서 전임교원을 뽑는다는 말을 듣고 관련 서류를 제출하고 난 뒤 갑자기 신심 깊은 불 자가 된 것이다. 결과가 나올 때까지 특별히 할 일도 없어서 주변의 권유로 우선 삼칠일 기도를 시작했다.

내가 사는 일산에서 한국불교연구원 법당이 있는 종로 창덕궁 앞까지 매일 새벽길을 오가는 일이 반복되었다. 피 곤한 것은 차치하고라도 차선이 안 보일 정도로 장대비가 내려 불안에 떨며 운전한 적도 한두 번이 아니었다. 문득, 사 람은 참으로 자기중심적이고 이기적인 동물이라는 생각이 저절로 들었다. 나 하나 잘되기를 빌기 위해 평소에 타력 신 앙 운운하며 곱지 않게 보았던 기도 정진을 내 자신이 그렇 게 열심히 하게 될 줄이야. 나 스스로도 믿기지 않을 정도였 다. 이렇게 나의 소원성취 기도는 시작되었다.

내가 나고 자란 곳은 경주시 감포읍 전동으로, 당시는 월성군이라고 불렸다. 국민학교 때는 기림사나 골굴암으로 소풍을 다녔고, 중·고등학교 때는 친구들과 불국사나 석굴암으로 놀러 갔던 기억이 아직도 생생하다. 문무대왕릉 앞바다에서 해수욕을 즐겼고, 동갑내기 고향 친구들과는 오어사나 보경사로 곧잘 어울려 다녔다. 허물어진 감은사지에서는 텐트를 치고 뜻도 모르는 유행가 가사를 읊으며 속절없는 감상에 젖기도 했다.

내가 새삼 어린 시절의 추억담을 꺼내는 것은 그만큼 불교와 인연이 깊은 곳에서 성장 과정을 거쳤다는, 내 삶의 한 자락을 소중하게 간직하고 싶기 때문이다. 말하자면 나는 정서적으로 이미 불자가 될 수밖에 없는 환경에서 태어나고 철이 들었던 것이다. 그럼에도 돌이켜보면 불교 신자로서 딱히 신행 생활을 제대로 한 것 같지도 않다는 것이 솔직한 나의 신앙 고백이다.

그러던 내가 새벽 5시면 어김없이 불상 앞에 무릎을 꿇고, 그분의 거룩한 명호를 간절하게 되뇌고 있었다. 불심 깊던 우리 어머니가 살아 계셨다면 아마도 가증스럽게 보았을지도 모를 일이다. 귀에 못이 박히도록 절에 다니라고 했을 때는 듣는 척도 않더니, 하시면서 말이다.

본격적인 전형 심사가 진행되면서 마음 졸여야 할 일이 여러 차례 있었다. 그런데 그때마다 정말 불가사의하게도 일은 좋은 쪽으로 술술 풀려나갔다. 나는 더욱더 기도에 매달렸다. 삼칠일 기도가 끝나면 다시 사십구일 기도에 들어가는 식으로.

그러던 중 백일기도 회향일을 얼마 남겨놓지 않은 무더운 여름날 오후, 드디어 교원 임용이 확정되었다는 통보를 받았다. 아무것도 생각나지 않았다. 그저 멍하니 창밖을 내다보고 있으려니 지난해 여름 피안으로 건너가신 어머니의 마지막 모습이 떠올라 나도 모르게 두 눈가가 뜨거워졌다.

　얼마 후 정신을 차린 나는 조용히 법당으로 들어가 촛불을 밝히고 부처님 앞에 머리를 숙였다. 잠시 침묵의 정적이 흘렀다. 사람의 정성이 기도의 영험으로 증명될 수도 있다는 사실을 깨닫는 순간이었다. 그동안 기도 정진을 이끌어주신 도반들의 얼굴이 하나둘 눈앞에 아른거렸다. 모두들 자기 일처럼 새벽과 오전으로 나누어 하루도 빠짐없이 진심으로 나를 위해 기도해주신 불보살님들이었다.

　어느덧 시간이 흘러 은퇴를 앞둔 지금, 나에게는 그 기도의 공덕을 회향할 일만 남았다. 후학들과 함께 배우고 가르치는 일, 그리고 지금까지 나를 돌봐준 주위의 많은 어른들과 그동안 애태운 가족을 사랑으로 보살피는 일 등이 남은 나의 과제다. 정년퇴직 후에는 대학원 박사과정에 입학해서 본격적으로 부처님의 가르침을 다시 공부하겠다는 야무진

서원도 세웠다.

　돌이켜보면 내가 불연佛緣 깊은 곳에서 태어나고 우여곡
절 끝에 종립 동국대학교에 들어와 지금까지 불법佛法과 함
께 살 수 있었던 일대사인연一大事因緣을 누린 것은 결코 우
연이 아니라고 생각한다. 보이지 않는 인연의 그물망 속에
행복한 모습으로 갇혀 있는 내 자신을 보게 된다.

　요즘 들어 부쩍 나를 되돌아보고 상념에 잠기는 일이 잦
은 것도 아마 그 때문일 것이다. 지난 세월 동안 인간적으로
나 학문적으로 내가 얼마나 미성숙하고 보잘것없는 존재였
던가를 뼈저리게 느낀다. 어떤 점에서는 이제야 비로소 사
람이 되어가고 있다는 생각이 들기도 한다.

　어쩌다 보니 나 개인의 지극히 사적인 기도 영험 이야기
를 하고 만 것 같지만, 내가 하고 싶은 이야기는 누구나 한
번쯤 독특한 종교 체험을 하게 되는 계기가 있기 마련이라

는 것과 그때 이것을 어떻게 승화시키는가가 남은 인생에서 중요한 전환점이 될 수도 있다는 것이다. 상식을 가진 불자라면 기도의 기적만 믿고 무슨 일이 있을 때마다 밤새워 기도하는 어리석음을 범하지는 않을 것이다.

부처님의 법음法音은 제대로 듣고 올바로 실천할 때, 그 광명이 온 누리에 가득 차게 되는 이치를 갖고 있다. 부처님은 나에게 더 큰 진리가 있다는 것을 보여주시기 위해 그 방편으로 나의 조그만 소원을 들어주셨던 게 아닌가 싶다. 가야 할 길이 멀지만 앞으로도 인연의 끈과 기도의 힘을 소중하게 되새기면서 참회, 정진하는 마음으로 여법하게 살아볼 작정이다.

차례

1장   쑥스러움

3장　　　　　　　　　　　　　안타까움

4장   그리움

1장

·

쑥스러움

꽃망울만 벙글었을 뿐
꽃은 아직 피지 않았다.
저마다 '나는 아직'이라는
표정을 짓고 있지만
언제까지 안 피고
버틸 수는 없을 것이다.

소·확·행

입춘이 지난 2월은 꽃 없는 봄이나 다름없다. 이미 사람들도 겨울이 가고 곧 봄이 올 것임을 예감해버린 탓이다. 그렇다고 봄을 애타게 혹은 유별나게 기다리는 것도 아니다. 다들 그저 그러려니 하고 지켜볼 뿐이다. 그러는 사이 봄은 슬그머니 우리에게 다가와 팔짱을 끼고 있을 것이 틀림없다. 그때 '봄'은 아마도 '꽃'일 터. 마음은 벌써 그 꽃밭에 가 있다. 누군가를 기다리는 마음이 막상 그를 만났을 때보다 더 가슴 설렜던 경험은 일찌감치 우리의 추억이 되었음을 알 나이가 되었다.

추위가 안부를 물으러 온 입춘에게 완전히 목덜미를 잡혀버린 형국이다. 한강까지 얼어붙게 만들던 동장군이 어느 날 갑자기 자취를 감춘 옛 연인처럼 흔적도 없이 사라졌다. 얼어서 미끄럽던 길바닥이 언제 그랬느냐는 듯 폭신폭신한 황톳길이 되었다. 겨울은 이미 이별을 통보받은 남자친구의 처지나 마찬가지다. 꽃샘추위라는 핑계로 한두 번 더 찾아올 수는 있겠지만, 그저 옛 연인의 관성적인 몸짓 그 이상도 그 이하도 아닐 것이다.

옛사랑의 미련은 새 사랑의 환희를 이길 수 없다. 그렇게 옛사랑 겨울이 가고 새 사랑 봄이 오고 있다. 겨울은 벌써 옛 연인이 되었고, 봄은 이미 새 애인으로 자리 잡았다. 미련은 사랑을 추하게 만든다. 더 이상 겨울이 봄을 질투하지 않았으면 좋겠다. 새 사랑을 축원해주는 것이 옛사랑의 여유다. 꽃이 피고 새가 우는 봄은 누구에게나 첫사랑일 수밖에 없기 때문이다.

나는 남의 눈을 의식하지 않아도 되는 나만의 감정 소비 놀이를 좋아한다. 이른바 소·확·행小確幸을 즐길 때 나는 오로지 나밖에 모른다. 가족으로부터도 '이기적인 너무나 이기적인'이란 핀잔을 귀에 달고 산다. 옷이나 신발을 통해 에고이스트적인 욕망을 과소비하고도 소·확·행이라고 우겨대기 일쑤다. 이런 이기적인 행동을 그럴듯하게 얼버무리고 포장할 수 있는 개념으로 '소·확·행'만 한 안성맞춤 단어가 또 있을까 싶다.

그까짓 것 하나 못 사느냐고 어깃장을 놓으면서 나만의 소·확·행을 쾌락하는 즐거움은 생각보다 황홀하다. 무소유는 왠지 부담스럽지만 소·확·행은 별로 그럴 것 같지도 않다. 치열한 수행보다 특별한 준비가 필요 없는 '불멍'과 '물멍'에 환호하는 젊은이들이 많아지는 것도 어쩌면 소·확·행의 보편화 현상인지도 모를 일이다.

너무 무거우면 들기가 힘든 법이다. 적당히 들 수 있는 무게여야 어디든지 함께 갈 수 있다. 이참에 우리가 알고 있는 불교를 겉으로나마 조금은 되돌아보는 그런 계기로 삼아보면 어떨까 싶기도 하다.

겨우 내내 쓰고 다니던 우중충한 중절모자를 버리고 산뜻한 비니모자를 하나 새로 장만했다. 기분 전환도 할 겸 나를 위한 작은 봄맞이 소·확·행 행사였다. 내가 고른 색깔은 봄에 돋아나는 새싹을 연상시키는 밝은 초록색으로, 연노랑과 진초록을 섞은 듯한 빛깔이 단번에 내 눈을 사로잡았다. 마치 봄을 낚은 듯한 손맛이 느껴질 정도였다.

'효과'는 그야말로 '기대'를 초월했다. 이렇게 기분이 상쾌할 수가 없다. 머리에서부터 봄이 내려앉은 느낌은 하루 종일 나를 즐겁게 했다. '할배' 연세에 산뜻한 색감의 머리덮개 하나로 적어도 '아재' 나이는 확실히 회복한 것 같으니 말이다. 사람들의 반응도 재밌다. 잘 어울리고 젊어 보인다는 사람이 있는가 하면, 하고 싶은 말을 꾹 참거나, 튀고 싶어 애쓴다는 표정을 짓는 사람도 있다. 그러거나 말거나다. 온 세상이 봄이다.

이렇게 나만의 이기적인 소·확·행 놀음은 앞으로도 계속될 것이다. 겨울의 끝자락과 봄의 앞자락 사이에서 앙증맞은 비니모자 하나가 나의 봄맞이 소·확·행을 완벽하게 충족시켜주었다. 가끔 한 번씩 상상 속의 계절밥상을 주문해본다. "봄바람이 꽃전을 부치고, 여름 소낙비가 오이냉국이 되더니, 가을 서리가 호박죽을 쑤고, 한겨울 고드름이 청국장을 끓이는" 사계절 자연 식탁을 그려본다. 저마다 고소하고 시원하며 따뜻하고 구수할 것만 같다.

봄이 오면 어디론가 잠시 포행布行이라도 다녀오고 싶은 유혹의 손짓을 느낀다. "봄엔 꼭 공주 마곡사麻谷寺를 들러보라"라는 말을 들은 적이 있다. 우리 집보살에게 조만간 절 구경이라도 한번 가자고 졸라봐야겠다. 거절당할 게 뻔하겠지만.

출근길

어딜 가도 꽃이 피어 있으니 어디서나 봄인 게 맞다. 속속들이 봄이라는 말이 딱 어울린다. 서울보다 평균 기온이 2도 정도 낮은 일산은 봄꽃들의 철다툼 이어달리기가 한창이다. 목련이 고운 자태를 뽐내는가 싶더니 개나리도 노란 병아리색 깃털 옷을 뒤집어쓰고 동네 곳곳에 둥지를 틀었다. 매화는 곰살맞은 봄바람의 간지럼에 온몸을 뒤척이고, 벚꽃은 벙글어진 모습으로 하얀 폭죽을 터트릴 그날을 단단히 준비하고 있는 듯하다. 이맘때쯤이면 꽃향기를 너무 많이 마셔서 꽃멀미를 하는 사람들도 있다고 하니 슬며시 웃음이 난다.

강변북로를 따라 마포대교까지 이어지는 출근길은 그야말로 꽃길의 파노라마다. 노란 개나리와 하얀 벚꽃과 연둣빛 수양버들이 한데 어울려 야단법석 꽃밭을 일구었다. 날씨는 더할 나위 없이 따뜻하다. 더러 야생 복숭아꽃처럼 보이는 검붉은 빛깔의 꽃잎들도 눈에 띈다. 드물지만 살구꽃도 벚꽃의 꽃잔치에 끼어들어 맛깔스러운 조연 역할이라도 하고 싶은 눈치다. 출근하는 시민들은 봄꽃의 향연을 즐기면서 덩달아 기분 좋은 표정들이다.

방화대교를 지나 서울 시내로 접어들면 조금 일찍 핀 개나리들이 노란색 잠옷을 벗어 던지고 더러 초록색 외출복으로 갈아입은 모습도 보인다. 양화대교 인근의 절두산 쪽에서 건너다본 여의도 국회의사당은 벚꽃들에 의해 완전히 포위되어 있다. 별천지別天地가 따로 있을까 싶다.

마포대교를 우측에 두고 왼쪽으로 꺾어 원효로 방향으로 접어들면 대단지 아파트 담장 위로 바람이 불 때마다 목련꽃이 후드득 꽃비를 뿌린다. 구舊용산구청을 곁눈질하면서 삼각지 방향을 쳐다본다. 정감 있던 동네가 불과 몇 년 사이에 고층 아파트 군락지로 변해버렸다. 야트막한 고가도로를 타고 내려가 사거리를 건너면 옛 국방부청사 앞에서 녹사평역까지 이어지는 흐드러진 벚꽃길과 만나게 된다. 장관이다. 녹사평역과 이태원이 만나는 지점은 신호등이 복잡하게 얽혀 있어서 자칫 한눈을 팔면 큰코다친다. 이 부근에서 교통위반 벌금통지서를 세 번이나 받아 집에서 잔소리를 자주 듣는 나로선 잠시도 정신줄을 놓을 수 없는 요주의 구간이다.

이 오르막길 주변은 길가의 개나리와 남산의 산벚꽃이 어우러져 마치 한 폭의 한국화를 보는 듯한 환상을 불러일으킨다. 잠시 몽환적인 분위기에 빠져든다. 비유하자면 꽃물이 내 몸속으로 들어와 갈증을 해소시켜준다는 느낌을 받는다고나 할까.

목적지가 가까워졌다. 그렇다고 봄꽃들과의 대화가 여기서 당장 끝나는 것은 아니다. 남산2호터널을 빠져나오면 신라호텔 야외정원이 진행 방향 정면에 나타난다. 이곳은 형형색색의 봄꽃들로 이미 동화 속 꽃대궐이나 다름없다. 암반이 섞인 산비탈에 인간의 정성과 자연의 협조가 적당한 비율로 버무려져 고상한 품격을 뽐내고 있다. 얼마 전 새롭게 정비한 신호 체계를 따라 최대한 안전하게 좌회전을 시도한다.

학교 정문을 통과해서 운동장을 끼고 올라오는 길에도 개나리와 벚꽃이 꽃잠 한숨 자고 싶게 만들 정도로 풍성한 꽃그늘을 만들고 있다. 저만치 가파른 언덕 위에 일렬횡대로 도열한 벚나무들은 마치 세속을 그윽한 불보살의 눈으로 내려다보고 있는 듯한 형상이다. 꽃망울만 벙글었을 뿐 꽃은 아직 피지 않았다. 저마다 '나는 아직'이라는 표정을 짓고 있지만 언제까지 안 피고 버틸 수는 없을 것이다. 기어이 벙글어지고 말 꽃의 본성을 어떻게 거스를 수 있단 말인가. 드디어 출근길을 회향해야 할 순간이다. 출근길 한 시간 내내 행복한 꽃길이었다.

머지않아 점등법회를 마친 오색 연등들이 일제히 사바 세계를 향한 염화시중拈花示衆의 법문을 펼칠 것이다. 부처 님오신날의 연등은 바라보는 사람들마다 입가에 저절로 미 소가 번지게 만든다. 조만간 북한산 진관사의 고즈넉한 계 곡에 걸려 있을 아름다운 꽃등을 보러 갈 계획이다.

학인 스님들과 밥 먹은 이야기

새 학기가 되면 나도 모르게 새내기 학인學人 스님들을 기다리게 된다. 한창 많을 때는 여남은 명도 됐지만, 숫자가 점점 줄어들어 요즘에는 서너 명이 고작이다. 아무래도 비구니 스님보다는 비구 스님이 더 많은 것 같다.

어려서 절에서 자라다가 동진童眞 출가한 스님도 있고, 다른 대학을 졸업하고 사회생활을 하다가 늦게 발심해서 출가한 스님들도 있다. 더러 몽골이나 태국, 스리랑카 등지에서 유학 온 외국인 스님도 보인다. 반갑고도 고마운 일이다. 시간이 맞으면 가끔 점심 공양을 함께한다. 짜장면이나 베트남 쌀국수를 먹을 때가 많다. 그때마다 나는 짓궂게도 학교 다닐 때 이것저것 다 해보라고 은근히 꼬드긴다. 말없이 웃는 스님도 있고, 별다른 표정의 변화가 없는 스님들도 있다.

지난 학기에는 수강생 중에 단연 돋보이는 비구 스님 두

분과 비구니 스님 한 분이 계셨다. 강의를 한 번도 빼먹지 않았을 뿐만 아니라 과제 발표도 솔선해서 가장 먼저 하겠다고 자청했다. 자연스럽게 수업 분위기도 좋아졌다. 한 스님은 총림에서 강원을 수료했으며, 불교와 무관한 전공으로 학부 과정을 마쳤다고도 했다. 스님들은 일반 학생들과도 스스럼없이 잘 어울렸으나 몸과 말과 생각에서 학인 스님의 본분을 조금도 벗어남이 없었다. 마음 든든했다. 이런 젊은 스님들이 내일의 한국불교 얼굴일 터. 환희심이 풍선처럼 부풀어 올랐다.

어느 날 먹성 좋은 학인 스님들에게 겁도 없이 점심 공양을 제안했다. 내 강의를 듣지 않는 스님 한 분을 포함해서 일행이 다섯 명으로 늘어났다. 다섯 명 정도야, 뭐. 나는 절에서 먹기 힘든 음식 중에 뭐가 가장 먹고 싶은지 말해보라고 호기를 부렸다. 학인 스님들은 비빔밥만 빼면 다 좋다고 했다. 모두 웃었다. 나는 생각나는 대로 짜장면과 만두, 인도 카레, 냉면, 태국의 팟타이와 똠양꿍, 칼국수, 베트남 쌀국수 등등을 연달아 외쳤다. 그런데 웬걸. 딱히 좋지도 싫지도 않은 표정들이었다. 은근히 그런 것쯤은 다 먹어봤다는 눈치인 것 같기도 하고. 나는 얼른 목소리를 낮춰 그럼 불고기는 어떠냐고 물었다. 대낮이라서 싫다고 했다. 우리는 다시 소리 내어 웃었다.

그때 언뜻 머리를 스치고 지나간 음식이 하나 떠올랐다. 나의 최애最愛 음식인 생선초밥. 학인 스님들에게 넌지시 일식집의 초밥은 어떠냐고 물었다. 내심 불고기와 마찬가지로 거절당하기를 바랐다. 가격이 만만치 않았기 때문이다. 찰나의 순간, 나의 간절한 바람은 산산이 부서졌다. 스님들은 조금도 망설임 없이 이구동성으로 초밥을 소리 높여 복명복창했다. 동시에 내 가슴은 철렁했고. 그렇다고 했던 말을 다시 주워 담을 수도 없는 노릇이었다. 입방정을 떨었다. 속내는 복잡해졌지만, 겉으로는 애써 환한 웃음을 지어 보였다. 출가자에게 공양하는 것은 큰 공덕을 쌓는 일이라고 스스로 위안 삼으면서 말이다. 이미 후회하기엔 늦었으니 눈물을 머금고 초밥을 맛있게 먹는 일만 남았다.

　　카카오 택시 두 대를 불러 가끔 가던 이태원의 가정식 일식당으로 향했다. 학인 스님들은 뭐가 그렇게 좋은지 잔뜩 신이 난 모습들이었다. 자리에 앉자마자 초밥 접시들을 무서운 속도로 비워댔다. 초밥이 한입에 넣기 좀 좋은 음식인가. 속이 쓰린 것도 잠시, 통통한 몸집의 비구 스님 한 분이 좌우로 고개를 움직이며 젓가락 놓을 기색을 보이지 않았다. 까짓것, 모둠초밥 한 접시를 더 주문했다. 한 달 용돈이 몽땅 날아가는 아찔한 순간이었다. 그나마 학인 스님들의 대만족한 얼굴이 나를 힘겹게 위로해주었다.

그런 아픈 기억을 깡그리 잊어버리고 이번 학기에도 나는 학인 스님들과 특별한 점심 공양을 계획하고 있다. 분위기가 무르익는 대로 날짜를 잡아볼 작정이다. 나는 무엇보다도 그분들에게서 세상과 동떨어지지 않은, 대승불교 지향의 맑고 밝은 미래 불교를 일찌감치 엿본다.

끝으로 선배 학인 스님들에게 부탁 하나만. 신입생 새내기 스님들에게는 제발 나와 초밥 먹었다는 이야기는 하지 마시기를. 그건 그렇고, 초롱초롱한 눈빛의 학인 스님들을 만날 생각에 벌써 마음이 설렌다. 누가 뭐래도 봄은 이렇게 좋은 계절인 것을.

연등燃燈의 노래

　　　나는 자주 걷는 편이다. 가는 길은 언제나 정해져 있다. 충무로와 을지로를 거쳐 청계천을 따라 걷다가 광화문에서 버스를 타는 코스다. 부처님오신날이 얼마 남지 않은 봄날이 한창이다. 중간중간 기러기 나는 모습처럼 줄지어 늘어선 오색 연등을 곁눈질하면서 걷는 즐거움이 남다르다.

　압권은 전통연등축제가 열리고 있는 청계천을 거슬러 올라가는 길이다. 형형색색의 연등들이 저마다 아름다운 자태를 한껏 뽐내고 있다. 진지하기도 하고 익살스럽기도 하다. 겉모습은 우락부락한 사천왕상이지만 속마음은 천진난만한 동자승을 닮았다. 어느 순간 옹기종기 짝지어 앉아 있는 젊은 연인들의 목소리가 커진다.

　밤 11시가 조금 넘은 야심한 시각. 캠퍼스 곳곳은 온갖 연등들이 벌이는 야단법석野壇法席으로 와자지껄하다. 아름답고 황홀한 풍경이다. 5월 말과 6월 초 사이, 여름이라 하기엔 조금 이르고 봄이라고 우기기엔 너무 늦었다. 그래도 아직은 늦봄의 밤이지 한여름의 푸른 밤은 아니다. 이런 계절의 건널목에서 우리는 한 달이나 늦은 부처님오신날을 준비하고 있다. 우리가 사는 이 세상이 은은하게 빛나는 저 연등들처럼 제발 요란하지 않았으면 좋겠다는 생각을 해본다.

부처님오신날을 앞두고 모두에게 작은 다짐 하나를 제안하고 싶다. 나부터 먼저 상대방에게 따뜻한 눈길을 보내자고. 그리고 서로 지켜보며 응원해주자고. 부처님오신날 연등이 우리의 그런 마음을 고스란히 담아 그윽하게 비춰주는 등불이 되었으면 좋겠다. 밤이 깊어지니 자꾸 철없는 감상이 피어오른다. 남산의 밤과 동악의 연등은 마치 하나의 톱니바퀴라도 된 것처럼 한 몸이 되어 움직인다. 한쪽은 깊어가고 다른 한쪽은 더욱 불타오른다. 연등의 의미가 우리 모두의 가슴속에서 영원히 꺼지지 않기를 발원해본다.

벌써 30년도 더 지난 일이다. 장안동에 있는 동대부중으로 교생실습을 나갔더랬다. 그즈음 부처님오신날 행사가 겹쳤던 모양이다. 수업은커녕 매일 법당에서 종이 연등을 만들던 기억밖에 나지 않는다. 그해 봄 학교 인근의 중랑천 강둑에는 유독 개나리가 노랗게 피었다. 교생실습생들끼리 틈만 나면 개나리를 배경 삼아 사진을 찍은 기억이 아직도 생생하다. 그때 내 눈에 띈 노랑머리 여자 교생이 있었다. 노란색 카디건도 자주 입고 다녔다. 다소곳하고 예뻤다. 며칠을 뜸 들이면서 기회를 엿보다가 마침내 말을 걸었다. 조금씩 가까워졌고 사귀는 관계로 발전했다.

교생실습 기간이 끝나고 본격적으로 만나다가 3년 뒤에 결혼했고 지금까지 함께 살고 있다. 아들도 하나 됐다. 아내 는 한동안 생일이나 결혼기념일에 노란 장미를 사달라고 했 다. 부처님오신날 연등 이야기를 하다가 집에 있는 노랑머 리 보살 이야기까지 꺼내고 말았다. 어떻게 수습해야 하나.

밤이 점점 무르익어간다. 연등들은 마치 자기 몸을 몽 땅 태워서라도 밤새도록 세상을 밝히고야 말겠다는 기세다. 《현우경賢愚經》에 나오는 가난한 여인 난타難陀의 '빈자일등 貧者一燈'이 저런 모습이었을까. 연등을 밝힐 기름 살 돈이 없어서 발을 동동 구르고 있었을 가난한 여인 난타의 표정 이 애처롭다. 우리도 그런 마음가짐으로 자신과 세상을 환 하게 비추겠다는 서원을 다시 세워야 하지 않을까.

5월은 아직 봄이라고 부르고 싶다. 가는 봄은 천천히 가 고 오는 여름은 더디게 오라. 나이가 드니 시간이 정말 빨리 지나간다. 계절이 또 바뀌려고 하는 이 순간만이라도 온 세 상이 두루 행복해졌으면 좋겠다. 연등들의 이심전심으로 꾸 며진 야단법석을 넋 놓고 지켜보고 있으려니 어느새 날이 밝고 말았다.

어느 공리주의자의 변명

대학에서 윤리학을 공부하고 가르치다 보니 언제부터인가 다른 사람들을 윤리적인 잣대로 재단하려는 고약한 습관이 생겼다. 일종의 편견이자 직업병이기도 하리라. 하지만 남들 눈에는 정작 나 자신도 이율배반적인 행동을 하기 마련이면서 걸핏하면 도덕적인 평가를 남발하고 있는 게 여간 꼴사나운 일이 아닐 것이다. 딱 밥맛없는 인간의 전형이라고나 할까. 그러다 보니 주변으로부터 "지금 세상이 어느 시대인데 도덕 윤리 타령이나 하고 있느냐"는 핀잔을 듣기 일쑤다.

그런데 분명히 짚고 넘어가야 할 게 하나 있다. 대부분의 사람이 추구해야 할 윤리적 삶은 결코 위인전에 나오는 성인군자의 모습일 필요가 없다는 것이다. 지금 우리가 처한 상황에서 '할 수 있는 일'을 하려고 애쓰는 것만으로도 충분히 윤리적일 수 있음을 자각했으면 좋겠다. 그 이상의 경지는 붓다와 소크라테스의 몫으로 돌리고 그 이하의 행동은 시정잡배나 속물들의 영역으로 치부하면 그만일 터다. 나는 이러한 윤리적 입장을 공리주의의 한 버전인 '최소 윤리' 내지는 '작은 윤리'로 부를 것을 제안한다.

인간의 지난 역사는 끊임없이 이어지는 인간적 갈등 상황과 그것을 지혜롭게 극복하기 위한 윤리적 판단들의 지속적인 적용 과정이 아니었나 싶다. 동서양 윤리학의 지난 역사도 바로 그와 같은 사색들의 비판적 축적 과정에 다름 아닐 것이라는 생각을 해본다. 그러나 오늘날 많은 사람들은 일상생활에서 갖가지 허영심 못지않게 도덕적 사고방식에서도 지나친 사치를 부리고 있는 것이 아닌가라는 의구심이 들 때가 많다. 실제로는 합리적 이기주의자가 되기에도 턱없이 부족한 자기중심적인 사고의 소유자들이 너와 나, 우리 모두의 행복을 동등하게 고려할 것을 제안하는 공리주의의 입장을 비웃을 때마다 심한 모욕감을 느꼈다.

물론 공리주의는 이론적으로 많은 약점이 있을 뿐만 아니라 그것의 악용 가능성 또한 적지 않다는 게 널리 알려진 윤리학적 상식 가운데 하나이기도 하다. 그렇다고 해도 공리주의적 사고방식의 여러 가지 유용성마저 일방적으로 매도하는 우리 사회의 알량한 지적 오만에 대해서는 육두문자로 욕이라도 해주고 싶을 때가 한두 번이 아니다.

그래서일까? 나는 기회가 있을 때마다 공리주의적 사고의 소박한 실천을 끊임없이 권유하고 다닌다. 가끔씩 서게 되는 제자들의 주례에서도 결코 예외가 아니다. 그래서 어떤 때에는 주례사가 그야말로 주책바가지가 될까봐 내심 긴장하기도 한다. 나의 주례사에는 으레 다음과 같은 말이 단골 메뉴로 등장하기 때문이다.

오늘과 같은 인생 최고의 봄날에는 신랑 신부 할 것 없이 누구나가 상대방을 위해 기꺼이 희생하고 배려하면서 살 것 같지만, 얼마 지나지 않아 서로 '내가 손해 보고 있다'는 생각이 들게 마련입니다. 그것은 우리 인간들이 흔히 스스로 '만물의 영장' 운운하지만, 실제로는 다른 하찮은 존재들과 별반 다름없이 자기의 생존 본능에 충실한, 사악하고 이기적인 동물들에 지나지 않기 때문입니다. 그런데 재미있는 것은 이런 있는 그대로의 사실을 받아들이고 나면 부부간이나 부모자식간, 그리고 고부간의 갈등도 의외로 쉽게 해결의 실마리를 찾을 수 있다는 것입니다. 왜냐하면 이기적인 마음을 가진 우리들은 날이 갈수록 바로 나 자신의 이익과 안녕을 위해서라도 상대방의 입장을 존중하고 배려해주어야 한다는 지극히 공리주의적인 삶의 지혜를 깨닫게 되기 때문입니다. (중략) 감히 말씀드리건대, 신랑 신부는 먼저 각자 자기가 바라는 바를 얻기 위해 결혼했다고 생각하십시오! 그러면 어느 날, 나의 행복은 남편 또는 아내의 행복을 마치 나 자신의 행복처럼 여길 때 비로소 얻을 수 있게 된다는, 지극히 평범한 진리에 도달하게 될 것입니다. (중략) 이와 같은 인식을 공유하게 되면 처음에는 나를 위해서 했던 일이 나중에는 결국 상대방과 우리 주변의 모든 사람들에게 이익이 되는 길이 주변에 헤아릴 수 없을 정도로 많이 있다는 사실을 새삼 발견하게 될 것입니다. 이것이 바로 공리주의의 일상적 실천 사례입니다.

단단히 욕먹을 각오를 하고 목청을 높인 불량한 주례사가 뜻밖에도 큰 박수를 받았다. 그 이유는 아마도 탐·진·치貪瞋痴라는 세 가지 바람직하지 못한 마음이 없으면 단 하루도 살 수 없는 중생심衆生心들인 우리 모두에게 잠시나마 위안을 주는 말이었기 때문이 아닐까 싶다.

이처럼 일상생활 속의 작은 윤리가 바로 공리주의의 본모습이라고 생각한다면 윤리 이론으로서의 공리주의 일반에 대한 오해와 편견도 많이 불식될 수 있을 거란 희망을 가져본다.

광화문 네거리

'삼거리'를 '세거리'로 부르면 이상하지만, '사거리'를 '네거리'라고 말하면 정겹게 들린다. 이상한 일이다.

광화문에 아직 교보문고가 없던 시절, 약속은 당연히 '종로서적 입구'에서만 해야 하는 줄 알았다. 큰길 건너 광화문 방향으로 들쭉날쭉했던 피맛골엔 그렇게 약속해서 만난 청춘 남녀들을 살갑게 맞아주는 식당들이 많았다. 그러다 언제부터인가 우리는 교보문고를 입에 올리기 시작했다. 서가書架도 훨씬 넓을 뿐만 아니라 편의시설도 잘 갖춰져 있어서 누가 먼저랄 것도 없이 사람들은 서둘러 종로서적을 버리고 교보문고를 찾았다.

새것이 헌것보다 좋은 이유는 셀 수 없이 많다. 종로서적의 늙은 낭만浪漫은 교보문고의 젊은 미모美貌를 이길 수 없었다. 세태를 탓할 일만은 아닐 것이다. 다시 모든 약속은 '교보문고'로 바뀌었다. 한동안 종로서적과 교보문고는 불편한 동거를 하는가 싶더니 얼마 지나지 않아 교보문고가 종로서적을 일방적으로 밀어내는 모양새가 되고 말았다. 대신 종로서적은 그곳을 찾던 고객들에게 추억 속의 옛날이 되었다. 그만큼 종로서적은 우리와 함께 많은 이야기를 만들던 장소였다. 아마도 그래서일 것이다. 나에게 종로서적은 문득문득 떠오르는 희미한 옛사랑의 그림자와 같은 곳으로 영원히 남아 있을 것만 같다.

그즈음 피맛골도 개발의 속도전을 견디지 못하고 정겹고 익숙했던 골목들을 하루아침에 상실했다. 이전의 그곳과 지금의 이곳엔 화려한 현대식 건물들이 들어서 있다. 고급스럽지만 왠지 낯선 풍경으로 다가온다. 모퉁이마다 다닥다닥 붙어 있어 의좋은 형제 같던 식당들도 모조리 사라졌다. 더러 같은 이름의 식당이 신축 오피스텔에 입주하기도 했지만 이미 그날의 맛이 아니다. 음식의 맛은 공간과 사람과 분위기가 빚어내는 오케스트라다. 그런 것 하나 없는 '막내낙지' 집의 낙지 맛은 도저히 그때 그 사람의 맛일 수 없다. 교계 신문사가 둥지를 틀고 있는 르미에르 빌딩도 예전에는 선후배들과 자주 어울려 다닌 허름한 백반집이 있던 곳이다.

피맛골의 감상에 젖어 있다가 어느새 광화문 네거리로 접어들었다. 4·19 기념 등반대회가 끝나고 그날의 행사가 완전히 마무리되던 곳은 언제나 광화문 네거리 언저리였다. 세종문화회관 뒤편의 '종로빈대떡'은 젊은 대학생들이 즐겨 찾던 소문난 이모집이었다. 사람 냄새가 물씬 풍기던 노릇노릇한 빈대떡이 쉴 새 없이 몸을 뒤척이던 장면을 잊을 수 없다. 지나간 것은 무조건 그리운 법이다.

늦은 시간, 광화문 네거리는 직장인들의 아쉬운 이별사가 밤공기를 가르는 아쉬운 공간으로 변한다. 버스에 올라서도 차창 밖으로 한동안 손을 흔드는 사람들이 눈에 띈다. 드디어 아침에 타고 온 버스가 시야에 들어온다. 나도 별수 없이 버스에 올라타야 할 일만 남는다.

누구나 알고 있듯 광화문에서 멀지 않은 곳에는 청와대가 있다. 경복궁 돌담길을 따라가다 보면 금방이다. 한동안 정치적 논란이 이어지다가 어쨌든 청와대가 개방되면서 내국인 외국인 할 것 없이 하루에도 수만 명의 사람들이 이 일대를 찾고 있다. 이제 서울 구경 일번지가 된 것이다. 앞으로도 그저 시민들의 평화로운 녹지공원으로 거듭났으면 좋겠다는 바람뿐이다. 이왕이면 그 자리에 고즈넉한 전통 사찰 하나가 들어선다면 얼마나 멋질까라는, 뜬금없는 상상도 품어본다.

배우는 즐거움

어쩌면 저렇게 곱고 아름다울 수 있을까. 캠퍼스 곳곳을 장식하고 있는 오색 연등 행렬이 만들어낸 장관을 두고 하는 말이다. 밤늦은 시각 동국대 캠퍼스는 형형색색의 연등들이 마치 야단법석이라도 벌이고 있는 듯하다. 신기하게도 시끌벅적한 소음은 들리지 않는다. 가끔 적막을 깨고 지나가는 조용한 바람소리 외에는. 불현듯 신심信心이 솟구쳐 오른다.

몇 학기째 불교한문아카데미 연수 과정을 수강하고 있다. 열심히 공부하는 학인 스님들 틈에서 말 그대로 초발심자의 자세를 가다듬고 있다. 다만 의욕은 있지만 예습과 복습을 제대로 하지 못해 가르치는 교수님들께는 항상 죄송할 따름이다. 그렇지만 몰랐던 것을 아는 재미가 여간 쏠쏠하지 않다. 서서 가르치는 것보다 앉아서 배우는 것이 얼마나 속 편한 일인지도 알게 되었다. 자연스럽게 말수가 줄고 하심下心

을 덤으로 얻는다.

성현들의 가르침이 갖는 힘이란 바로 이런 것이 아닐까 싶다. 불교한문아카데미에 등록한 것은 참으로 잘한 선택이란 생각이 든다. 정년을 앞둔 나이에 언감생심 새로운 공부를 시작한다는 것이 지나친 욕심일지도 모르겠지만, 고전의 가르침은 언제 들어도 고개를 끄떡일 수밖에 없는 감동의 연속이자 진리의 발견 그 자체이기 때문이다.

첫 학기에는 《법화경》, 범어-한문경전강독(사소성지), 한문문법, 《구사론》 1, 《벽암록》을 들었고, 이어서 《아함경》, 범어-한문경전강독(금강경), 《논어》, 《구사론》 2, 《삼국유사》를 수강했다. 시간이 지날수록 진정한 불교 교양인으로 거듭나고 있다는 자부심이 느껴진다. 불교한문아카데미와 강사진에 진심으로 고맙다는 인사를 전하고 싶다. 직장인들의 편의를 위해 비대면 원격수업을 하고 있지만 머지않아 인터넷 공간을 통해 알고 지내던 같은 반의 도반들도 직접 만날 수 있을 것 같다. 오프라인 종강 모임을 갖기로 했기 때문이다. 생각만 해도 기분 좋은 설렘이다.

5년 전 나는 세상의 이치를 여실지견如實知見하는 값진 경험을 했다. 학교 행정의 책임자가 되겠다는 뜻을 공개적으로 표명한 것에 대한 인연법의 엄중한 경책이었다. 자리를 얻을 만한 실력과 공덕도 쌓지 않았으면서 제 욕심만 앞

세워 자리를 차지하려고 했던 나의 어리석음에 대한 인과응보였다. 누가 봐도 미혹하고 경솔했다. 정말 뭘 몰랐다. 선거도 평소 생각대로 하면 저절로 되는 줄 알았다. 나는 '옳다'고 생각했지만, 남들은 '틀렸다'고 말했다. 그런데 지나고 보니 내가 '틀리고', 그들이 모두 '옳았다'. 범부중생도 이런 범부중생이 없었다. 나에겐 오직 성찰하고 참회할 일만 남았다고 생각했다.

남의 눈에 잘 띄지 않는 도피처逃避處를 찾아 나섰다. 때마침 불교한문아카데미에서 수강생을 모집한다는 공고문이 떴다. 곧장 달려가 수강 신청을 했다. 교내 구성원이라는 이유로 학비도 반액으로 깎아줬다. 월요일부터 금요일까지 매일 3시간씩 15주 과정이었다. 일과가 끝나고 저녁도 먹지 못한 채 수업에 들어가는 날이 대부분이었다. 몸은 피곤하고 정신은 혼미했다.

처음엔 계속 다닐 수나 있을까 싶었다. 처음 본 한문 문장은 무슨 암호문 같았다. 문법은 있으나 마나 했고 품사의 변화무쌍한 변화는 도무지 종잡을 수 없었다. 중간고사와 기말고사도 치러야 했다. 부담이 적지 않았지만 중도 포기는 곧 패배를 의미하는 것이었기에 이를 악물었다. 수업은 하루도 빠짐없이 참여했다. 그러자 사회적 만남의 인간관계 자리들도 자연스럽게 정리되었다.

대신 오랜만에 '배우는 즐거움'을 만끽할 수 있었다. 덩달아 행복해졌다. 도피처로 여겼던 곳이 도피안到彼岸이 되었다. 요즘은 나도 모르는 사이에 많이 성숙해졌다는 느낌을 받는다. 좋은 스승들과 삶의 지혜를 나누는 기쁨을 날마다 누릴 수 있기 때문이 아닐까 싶다. 공자의 말처럼 '배우고 또한 때때로 익히면서' 살 수 있기를 발원한다.

배우는 즐거움을 향유하고 있는 지금, 나는 참 '행복한 사람'이다. 가수 조동진의 노래 가사 그대로다.

여름 독서 휴가

'여행旅行'이라고 하면 왠지 해외여행이 먼저 떠올라 은근히 돈 걱정을 하게 되지만, '휴가休暇'는 그렇지 않다. 글자 그대로 잠시 일로부터 벗어나 '쉬는 시간' 정도로 가볍게 받아들일 수 있어 부담이 적은 것 같다. 우리나라에서는 겨울휴가라는 용어가 따로 없으니, '휴가' 하면 대체로 여름휴가를 떠올리게 된다. 그러고 보니 장마가 끝난 이번 주가 휴가의 절정을 장식하지 않을까 싶다.

언제부턴가 우리 사회에서도 '휴가'라는 말이 더는 낯설지 않게 느껴진다. 그동안 너나 할 것 없이 앞만 보고 정신없이 달려오느라 휴가라는 말은 언감생심 입 밖으로 꺼내지도 못했던 것을 생각하면 그야말로 상전벽해임을 실감하게된다. 이는 누가 뭐라고 해도 우리 세대가 향유하고 있는 삶의 축복 그 자체다. 덕분에 우리는 저마다 고유한 빛깔로 자신에게 주어진 삶의 공간을 채울 자기만의 콘텐츠를 구상할 수 있게 되었다. 이제 휴가는 그런 콘텐츠 가운데 하나로 그 중요성을 널리 인정받고 있다.

그런 맥락에서 이번 여름휴가는 휴가 후유증 때문에 다시 휴가 신청을 해야 할 것만 같은 피곤한 휴가가 아니라, 풍성한 내면을 가꿀 수 있는 '내려놓음'과 '쉼'의 기회로써 휴가 계획을 세워보는 것은 어떨까? 교통체증의 짜증과 피서지의 불유쾌한 기억들, 그리고 휴가비용을 고민하지 않아도 될 그런 휴가 말이다.

여기에 딱 들어맞는 휴가 보내기가 바로 독서 휴가다. 독서 휴가는 독서 피서라는 말과도 일맥상통한다. 평소 읽고 싶었던 책을 마음껏 읽으면서 틈틈이 동네 한 바퀴를 돌거나 기분이 내키면 가까운 산에라도 오르면서 여유로운 시간을 보낼 수 있다면 그런대로 꽤 실속 있는 휴가가 아니겠는가. 뭐, 어디선가 많이 들어본 진부한 말로 들릴지도 모르겠지만 예부터 이런 방식으로 더운 여름을 난 선비들도 많았다고 하니 애써 위안을 삼아보기로 한다.

조선 중기의 문신 윤증尹拯이 쓴 〈더위暑〉라는 시에는 무더운 여름날을 지혜롭게 극복하는 선비들의 고상한 멋이 행간마다 절절히 묻어난다.

"구름은 아득히 멀리 있고 나뭇가지에 바람 한 점 없는 날/ 누가 이 더위를 벗어날 수 있을까/ 더위 식힐 음식도, 피서 도구도 없으니／ 조용히 책을 읽는 것이 제일이구나.”

연암 박지원도 이맘때쯤 사촌 형에게 보낸 편지에서 “옷을 벗거나 부채를 휘둘러도／ 불꽃 같은 열을 견뎌내지 못하면／ 더욱 덥기만 할 뿐”이라며 “책 읽기에 착심着心해서 더위를 이겨나갈 것”을 권고하고 있다. 이에 앞서 성군 세종은 집현전 학자들에게 독서 휴가를 주어 책 읽기에 전념할 수 있도록 사가독서제賜暇讀書制를 실시했다는 기록도 있다.

이런 책 읽기 폭탄 세례를 받은 학자들이 발휘한 창의성이 한글이라는 위대한 발명품을 만들어낼 수 있지 않았을까? 책은 다른 사람들의 삶을 통해 그들의 사고와 가치관을 들여다볼 수 있는 기회를 제공할 뿐만 아니라 그 과정에서 나 자신의 내면을 풍성하게 가꿀 자양분을 무한정 공급해준다. 누구나 경험한 바 있듯이 책을 읽다 보면 어느 시점에선가 학교에서는 가르쳐주지 않은 생생한 울림, 예컨대 갑자기 번갯불을 본 듯하고 문득 천둥소리를 들은 것과 같은 환희심이 솟구쳐 오를 때가 있다. 이때 우리의 영성은 더욱 맑아지고 통찰력은 더욱 깊어진다.

바로 이 순간이야말로 진정한 의미의 힐링이 일어나는 시점이라고 생각한다. 그런 점에서 힐링의 담론은 몇몇 유명 힐링 멘토들만의 전유물이 되어서는 안 될 것이다. 지금과 같은 명상 유행 현상은 자칫하면 힐링의 상업주의를 부추길 위험성이 크다. 이는 우리 모두가 경계하지 않으면 안 될 일이다. 불교식으로 말하면 힐링을 해야 되겠다는 조바심이 또 다른 집착을 낳게 될 것이기 때문이다. 힐링 관련 책을 읽어야 힐링이 되는 것이 아니라, 좋은 책을 습관적으로 읽다가 보면 자신도 모르는 사이에 말 그대로 힐링이 되었다는 느낌을 가지게 되지 않을까 싶다.

아직 별다른 휴가 계획을 세우지 않았다면 독서 휴가 내지는 독서 피서를 한 번쯤 고려해볼 것을 감히 추천한다.

휴가 대신 집수리

더위가 물러간다는 처서處暑가 막 지났다. 예부터 처서에는 왱왱대던 모기의 입이 돌아가고, 쑥쑥 자라던 풀도 성장을 멈춘다고 했다. 갑자기 서늘해진 기운에 모기와 풀도 깜짝 놀란다는 비유가 아닐까 싶다. 그만큼 날씨의 변화를 실감할 수 있다는 말일 것이다. 거짓말처럼 체감온도가 달라졌음을 느낀다. 가까이 있던 하늘도 저만큼 높아졌다. 여름이 가고 가을이 왔음을 실감한다. 절기의 법문은 이렇게 미묘하기만 하다.

꼬박 보름 동안 집수리에 매달렸다. 하필이면 가장 더울 때였다. 낯선 사람들이 제집처럼 들락거리며 집 안 곳곳을 사정없이 헤집어놓았다. 가지런하게 놓여 있던 가재도구들이 치워진 자리에는 온갖 잡동사니들이 뒤엉켜 나뒹굴고 있었다. 켜켜이 쌓여 있던 해묵은 먼지들은 서로 하이파이브라도 하듯이 여기저기서 낡은 풍선들을 터뜨려댔다. 매캐한

냄새가 코를 찔렀다. 집 안은 그야말로 난장판이었다.

우리 내외는 졸지에 오갈 데 없는 피난민 신세가 되었다. 이런 아수라장 속에서도 가장인 나는 쪽잠이라도 잘 수 있는 최소한의 공간을 마련해야 했다. 겹겹이 쌓아 올린 살림살이 사이로 두 사람이 겨우 몸을 뉠 수 있는 동굴 같은 장소 한 곳을 발견했다.

한여름이라 씻는 것도 문제지만 무엇보다도 먹는 일이 고역이었다. 부엌을 사용할 수 없으니 밥을 제대로 해 먹을 수가 없었다. 컵라면과 김밥이 가장 손쉬운 연명 수단이었다. 나중에는 편의점에서 사 온 햇반과 동네 반찬가게의 멸치볶음으로 몇 끼를 때우기도 했다. 더러 밖에서 사 먹기도 했지만 뭔가 허전했다. 라면에 식은 밥을 말아 먹더라도 늘 먹던 집밥이 먹고 싶었다. 아무 때나 먹을 수 있는 줄만 알았던 집밥의 힘이 얼마나 위대한가를 온몸으로 체득했다. 그것은 말로만 듣던 '평범한 일상의 소중함' 그 자체였다. 하긴 옛 선사들도 도道는 다반사茶飯事에 있다고 하지 않았던가.

막연하게 생각만 해오던 인테리어 공사를 서두르게 된 것은 팬데믹으로 3년째 입국하지 못하고 있던 아들 부부가 모처럼 휴가를 얻어 집에 오게 되었기 때문이다. 아들만 온다면 굳이 한여름에 이런 일을 벌이지는 않았을 것이다. 그동안 영상통화로만 만나던 미국인 며느리를 위해 작은 정성이라도 보여주겠다는 부모 된 마음이 컸다. 아들은 교환학생으로 미국의 자매대학에 갔다가 거기서 만난 여자친구와 현지에서 줌zoom으로 결혼식을 올렸다. 우리는 코로나바이러스의 위세에 눌려 결혼식에 참석할 엄두조차 내지 못했다. 실물로는 처음 보는 며느리를 위해 아들이 쓰던 방을 조금 고치기로 했다가 내친김에 주방과 욕실도 함께 손을 보게 되었다. 소박하게 시작한 일이 어느새 제법 거창한 공사가 되고 말았다. 이것저것 더 하고 싶은 것이 자꾸 늘어난 결과였다.

나와 집보살은 휴가철이 되면 뭔가를 해야 한다는 일반적인 관념을 공유하지 않는다. 아마 언성을 높이지 않고 찰나刹那의 순간에 의견 일치를 보는 유일무이한 지점일 것이다. "어디 갈래?"라고 물으면, "가긴 뭘 가"라고 대답하는 게 우리의 휴가철 대화 방식이다. 집보살은 생활환경이 바뀌는 것을 거의 병적으로 싫어하는데, 유별나게 자기중심적인 성격의 나도 뭐 도긴개긴이다. 그러다 보니 우리는 다른 사람들보다 여행을 그다지 좋아하지 않는, 조금은 별난 가족이라는 소리를 듣는다. 나는 심심치 않게 해외에 나갈 기회도 생기지만 아내는 상대적으로 그렇지 않으니 미안한 마음이 들 때가 많다.

그나저나 올 여름휴가는 인테리어 공사 기간과 정확하

게 겹쳤다. 나로선 변명거리가 생긴 셈이지만 집 안 정리를 하느라 체중까지 빠진 아내도 정말 휴가 갈 생각이 없었는지는 잘 모르겠다. 그래도 아마 우리 둘의 대화는 예년과 비슷하게 이어졌을 가능성이 크다.

"휴가는 무슨. 나중에 가."

그래도 조만간 진지한 표정으로 내년 여름에는 아들 내외가 사는 미국 동부지역과 캐나다를 한번 둘러보는 것이 어떻겠느냐고 웃으면서 물어볼 작정이다. 여의치 않으면 시원한 내연산 계곡을 끼고 있는 포항 청하 보경사를 혼자서라도 다녀올 작정이다. 기대 반 걱정 반, 벌써 내년 여름휴가가 기다려진다.

열세 살 동원이의 '보릿고개'

순전히 우연이었다. 초등학생 정동원이 가수 진성의 〈보릿고개〉를 구성지게 부르는 것을 보게 된 것은. 처음엔 좀 거북했다. '보릿고개'란 말의 뜻도 모를 앳된 얼굴의 13살 소년이 굳이 저런 가사의 노래까지 불러야 하나 싶었던 것이다. 정동원이 노래하는 동안 화면에는 원곡자 진성의 붉게 충혈된 두 눈이 클로즈업되고 있었다. 그와 나는 베이비부머 시대에 태어났고 나이도 엇비슷한 것으로 안다. 내가 노래 속 가사에 혹하고 감정이입感情移入할 수밖에 없었던 이유일 것이다.

〈보릿고개〉의 첫 소절인 "아야 뛰지 마라/ 배 꺼질라"는 울 어머니가 평소 자주 하시던 말씀이다. 노래를 처음 듣는 순간 나도 모르게 다리가 풀린 듯 그 자리에 주저앉을 뻔했다. 불현듯 9남매의 막둥이에게 아랫목 이불 속에 숨겨놓은 홍시를 꺼내주시던 울 엄마가 생각났다. 그래서일까. 진성의 노래 〈보릿고개〉는 차마 끝까지 듣지 못하는 날이 있다. 무슨 말인지 너무나 잘 알기 때문이다.

그러거나 말거나. 정동원은 아무렇지도 않다는 듯 "풀피리 꺾어 불던 슬픈 곡조는/ 어머님의 한숨이었소/ 어머님의 통곡이었소"라는 말로 천연덕스럽게 노래를 마무리했다. 박수가 나오니 더 눈물이 났다. 내 얼굴은 이미 눈물 반 콧물 반이 되어 있었다. 무안해서 옆에 있던 집보살에게 뜬금없이 보릿고개라는 말을 들어봤냐고 물었다. 서울 토박이인 아내는 '정말 그렇게 살았어?'라고 되묻는 듯한 무표정을 지었을 뿐 별다른 반응을 보이지 않았다. 내가 뭐라고 떠들든 자기가 좋아하는 임영웅이 빨리 무대에 오르기만 기다리고 있는 눈치였다.

어디서 "라떼는 말이야" 하고 꼰대가 또 등장하냐고 한숨 쉬는 사람이 있을지도 모르겠다. 뭐 그러시든 말든. 노래 〈보릿고개〉 속에는 "초근목피에 그 시절"이란 가사가 나온다. 1960년대 경상도 어느 지역의 언어로 통역하자면 초근草根은 겨울 끝 무렵의 칡뿌리이고, 목피木皮는 이른 봄 물오르기 시작한 어린 소나무 가지의 속살이다. 하나는 쌉싸름하고 다른 하나는 달짝지근한, 가슴 아픈 추억의 옛 맛으로 기억한다.

보릿고개는 이 무렵부터 그해의 첫 양식이 될 보리를 타작할 때까지 계속되었다. 너더도 너무나 더디게 지나갔을 시간이었을 터. 그래도 우리 세대의 보릿고개는 초근목피를 주식으로 삼을 정도는 아니었다. 하지만 우리도 먹긴 먹었으니 간식인 듯 간식이 아닌 듯 종종 헷갈리긴 했다.

동네에서 제대로 된 밥을 지어 먹는 집은 겨우 손에 꼽을 정도였고, 대부분은 보리밥이나 잡곡밥 혹은 하루에 한 번쯤은 시래기죽을 먹어야 했다. 더러 고구마와 감자 같은 구황작물로 끼니를 때우는 날도 적지 않았고. 아마도 〈보릿고개〉를 부른 가수 진성과 나는 보릿고개란 말을 듣고 자란 마지막 세대가 아닐까 싶다. 그 유명한 '통일벼'가 나오고 불과 4~5년 사이에 시골에서도 밥 굶는 집은 거의 찾아보기 힘들었으니까 말이다.

그때 그 사람들은 아프게 기억할 것이다. 부드러운 모래를 쪄놓은 것 같은 통일벼의 서걱거리던 밥맛을. 정동원은 마치 추체험追體驗이라도 한 듯 처연한 눈빛과 때 묻지 않은 목소리로 보릿고개 세대의 기억하고 싶지 않은 감성을 뭉클하게 자극했다. 삶은 희로애락喜怒哀樂의 불균형적인 반복이 끊임없이 이어지는 나날이다. 사는 동안 상처받을 일이 생긴다면 가끔은 트로트 음악을 들어볼 일이다.

여름이 서산에 걸린 해처럼 많이 기울었다. 하늘은 드높고 바람은 서늘하다. 유난히 난폭했던 장마도, 밤잠을 설치게 했던 열대야도 이제 더는 우리를 괴롭히지 못한다. 장마와 더위 그리고 무엇보다도 지친 심신을 가을 햇살에 담요 털듯 홀홀 털어버리시기를 바라는 마음 간절하다.

코로나 팬데믹이 전 세계를 휩쓸고 난 뒤 사람들 사이의 거리는 이전보다 확연히 멀어졌다. 본성상 사회적 동물로 규정되는 인간종 호모사피엔스가 공동체의 다른 구성원들과 사회적 거리 두기의 대상이 되어야 한다는 것은 존재론적 역설일지도 모르겠다. 공업共業의 결과일 수도 있겠다는 생각을 해본다. 우울해진다. 다시 정동원의 〈보릿고개〉를 찾아 듣는다. 어쩐지 답답한 세상을 벗어나고 싶은 우리들의 애타는 비원悲願인 것만 같다.

산사에서의 하룻밤

절 이름 한번 그럴듯하다. 망경산사望景山寺. 멋진 경치를 조망할 수 있는 곳이란 뜻일 터. 강원도 영월군 김삿갓면 망경대산 기슭 해발 800m 고지에 고즈넉하게 들어앉아 있는 절이다. 한때는 전국 각지에서 모여든 사람들로 날마다 북적이던 이름난 탄광촌이었다고도 한다. 청량리역에서 두 시간 조금 넘게, 그리고 다시 동네 택시로 40분을 더 달려야 겨우 도착할 수 있는 외진 곳이다.

절 앞마당까지 이어지는 굽이굽이 고갯길은 아찔할 정도로 현기증이 나고 숨이 찰 정도로 가팔랐다. 이름 모를 산야초들의 꽃밭이 여기저기 드문드문 흩어져 있었다. 내년 봄에는 또 얼마나 많은 야생화가 저마다 고운 자태를 뽐낼까 싶어서 벌써 가슴이 두근두근한다.

문득 짓궂은 생각 하나가 불쑥 솟는다. 교회에만 오빠, 동생이 있으란 법이 있나. 조용한 산사에도 누나와 오빠와

여동생과 남동생들의 웃음소리가 풍경風磬을 달그락거리게
할 정도로 시끌벅적할 날을 상상해본다.

　이 절은 템플스테이를 주제로 경영학 박사학위를 받은
주지 스님이 직접 설계한 알찬 프로그램으로 이미 알 만한
사람은 다 아는 템플스테이 명소다. 봄과 여름엔 200여 가
지가 넘는 각종 산나물과 야생화를 채취하거나 감상하는 환
희심을 선물하고, 가을과 겨울엔 '전통 메주 만들기'와 '김
장김치 담그기'라는 특화된 소모임을 운영하는 것으로도 유
명하다. 내가 갔을 때는 10월 초여서 그런 체험을 함께할 수
없었지만, 때마침 매달 두 번째 주말에 열리는 운탄고도運炭
高道 트래킹에 참여하는 소중한 기회를 얻었다.

　운탄고도는 영월, 정선, 태백, 삼척 지역의 폐광 지역을
잇는 평균 고도 546m, 총길이 173.2km에 이르는 둘레길 이
름이다. 그중에서 망경산사 템플스테이가 운영하는 구간은
운탄고도 3번 길인 '광부의 길'이다. '망경산사-낙엽송 삼거
리-모운동'으로 연결되는 약 6.5km의 옛길. 당시 석탄을 싣
고 이 고갯길을 넘나들었을 광부들의 걸쭉한 노랫소리가 사
방에서 들리는 듯해 걷다가 뒤돌아보기를 몇 번이나 반복했
다. 일행을 안내하던 하원 스님은 군데군데 숨겨둔 포토존
을 가리키며 꼭 사진을 찍으라고 손짓하신다. 한결같이 즐
거운 표정들이다. 운탄고도 석탄 운반 길은 언제든지 와서

함께 걷고 싶은 명품 트래킹 코스다. 너무 가파르지도 않고, 너무 평탄하지도 않은 길. 운탄고도는 이 중도中道의 조건을 기가 막히게 충족하고 있었다.

이곳 망경산사 템플스테이에서 누릴 수 있는 '사찰에서 보내는 하룻밤'의 참맛은 여기서 그치지 않는다. 망경산사에서 망경대산 꼭대기 방향으로 바라보면 앙증맞은 암자 하나가 있다. 만경사萬頃寺다. 한참이나 걸어 올라가야 닿는 제법 숨 가쁜 언덕길. 저녁 공양 후에 산책하기 딱 좋은 거리다. 아미타부처님과 33관음보살님을 모신 광장법당에서 산 아래를 내려다보는 눈맛이 정말 일품이다. 글자 그대로 구불구불 물결치는 듯한 산자락의 모습이 1만 개의 밭이랑을 연상시키기에 충분하다.

어릴 적 시골에서 자란 나는 암자의 이름이 금방 가슴에 와닿았다. 이랑 사이에 솟은 김을 매느라고 땀에 흠뻑 젖어 있던 어머니의 삼베 적삼이 생생하게 떠올라서 더더욱. 그날 저녁 만경사 주변은 추적이는 가을비와 뿌연 산안개가 만들어내는 몽환적인 장면들로 숨이 막힐 지경이었다.

이튿날 새벽 네 시. 나지막하게 울리기 시작한 목탁 소리가 나의 혼미한 심신을 사정없이 흔들어 깨웠다. 법당으로 올라가는 길에 무심코 쳐다본 영월의 새벽하늘은 얼마나 눈부시던지. 오랜만에 만나는 가을 별들의 잔칫날이었다. 예불 시간 내내 사랑하는 사람들의 안녕과 살아 있는 모든 생명의 행복을 정성껏 빌었다.

　그렇게 산사에서의 1박 2일이 가을바람처럼 지나갔다. 몸과 마음이 훨씬 가벼워졌다는 느낌이 바로 이런 것일 듯. 여기에다 산사의 후한 인심은 또 어떻고. 주지 스님은 촌사람인 내가 좋아하는 토속 된장과 고추장을 꾹꾹 눌러 담아 가방에 넣어주셨다. 순간 내 가슴에 장독대 크기의 법열法悅이 뭉게뭉게 피어올랐다. 올가을 난생처음 겪는 마음의 질병 때문에 무너질 것처럼 흔들리던 나에게 망경산사와 만경사에서의 하룻밤은 유난히 특별했다.

걸으면 얻을 수 있는 것들

　　　　　광화문에서 청계천을 따라 종종 걸어서 출퇴
근하고 있다. 햇수로 4년쯤 되었다. 처음엔 자꾸만 나오는
뱃살을 조금이라도 줄여보자는 다짐에서 시작했는데, 시간
이 지날수록 중독이 되었는지 하루라도 거르면 영 마음이
개운치 않다. 이즈음이면 청계천 산책로 언저리에는 산수유
와 수양버들이 수줍게 고개를 내밀기 시작한다. 겨울 동안
잠자던 개울물도 제법 큰 소리를 내면서 존재감을 드러내
고. 모든 사물이 다시 살아 움직이고 있는 것 같아 보는 나도
덩달아 힘이 솟는다.

　　이런 풍경을 보면서 걷다 보면 어느새 관수교에 이른다.
천천히 계단을 올라와 횡단보도를 건너면 그 유명한 을지로
공구상가를 만난다. 각양각색의 공구들은 신나는 구경거리
나 마찬가지다. 저절로 눈이 즐겁다. 나도 모르게 이곳저곳
을 두리번거리게 된다. 남산 방향으로 20분쯤 계속 걷다 보

면 명보극장을 지나 충무로역 부근에 닿는다. 시간적 여유가 있는 날이면 한옥마을을 가로질러 남산 순환도로를 따라 걷고, 그렇지 않을 때는 곧장 학교 쪽으로 발걸음을 재촉하며 출근을 서두른다.

이렇게 걷는 것이 일과가 되다 보니 나는 늘 길 위에서 사계절의 변화를 직접 확인한다. 그래서일까. 나에게는 하루하루가 새롭고 또 행복하기만 하다. 이렇게 걷는 거리가 하루에 12~13km 정도 되는 것 같다.

요즘은 미세먼지가 국가적인 관심사가 되었다. 발생 원인을 둘러싸고도 이런저런 말들이 많다. 중국과는 외교 문제로까지 비화되는 것 같고. 외교 경로를 통해 문제 삼을 것은 당연히 문제 삼아야 할 것이다. 하지만 미세먼지의 원인을 중국 탓으로만 돌리는 것 또한 근본적인 해결책이 될 수 없다고 생각한다. 왜냐하면 우리도 미세먼지 발생의 책임으로부터 완전히 자유롭지 못하기 때문이다. 이를 부정할 수 없다면 미세먼지의 해소를 위해 우리가 할 수 있는 일이 무엇인지 먼저 진지하게 고민하는 것이 순서일 것이다.

자료에 의하면 수도권 전체 미세먼지 발생의 가장 큰 비중(22%)을 차지하는 것이 경유차라고 한다. 정도의 차이는 있겠지만 가솔린차도 이에 못지않을 것이다. 결국 각종 자동차가 내뿜는 연소가스가 미세먼지의 상당 부분을 차지하고 있는 셈이다. 그렇다면 우리는 지금보다 더 많이 걸어야 하지 않을까. 이미 자동차의 편리함에 너도나도 익숙해져 있는 지금, 한가한 소리나 하고 있다는 핀잔을 듣더라도 더 많이 걷자고 권하고 싶다. 중국의 폭죽놀이와 화력발전소를 미세먼지의 주범이라고 단정하기 전에 우리가 야기하는 미세먼지에 대한 책임은 우리가 먼저 감당하겠다는 인식과 태도의 변화가 더 필요하다는 점을 짚고 넘어가자는 말이다. 언제나 그렇듯이 나로부터 시작되는 작은 실천이야말로 보다 더 큰 문제를 해결할 수 있는 출발점이 될 수 있다는 것을 잊어서는 안 된다.

걷다 보면 불가에서 말하는 행선行禪의 경지에 올라 가끔 선열禪悅에 잠기는 기쁨도 누릴 수 있다. 그뿐만이 아니다. 이전보다 마음이 너그러워지는 경험도 자주 하게 된다. 시간을 내서 따로 운동하기가 어려운 많은 직장인들에게 '걷기'는 다이어트 효과와 함께 건강을 유지시켜주는 최고급 헬스 기구나 다름없다. 걸으면서 몸과 마음의 움직임을 있는 그대로 느끼다 보면 의외로 얻는 것이 많다는 것을 깨닫게 될 것이다. 일단 한번 걸어보시기를.

가을 남산 감상

설악산에만 단풍이 든다면 그것은 가을도 아니다. 때가 되면 아무 데서나 단풍을 볼 수 있어야 비로소 가을이다. 도심 한복판의 서울 남산에도 가을은 어김없이 찾아왔다. 만추晚秋. 남산은 지금 만산홍엽滿山紅葉 그 자체다.

마음만 먹으면 언제든지 오를 수 있는 남산이 지척에 있다는 것은 여간 고마운 일이 아니다. 일주일에 서너 번 남산 둘레길을 무작정 걷는다. 마음의 때는 벗고 다리의 근육은 알뜰하게 챙기는 나만의 수행 방법이다.

코스는 거의 일정하다. 장충단공원의 수표교水標橋를 지나 국립극장까지 올라간 다음 오른쪽으로 방향을 틀어 남산 케이블카 정거장까지 걷다가 되돌아온다. 더러 남산도서관을 끼고 둘레길 한 바퀴를 도는 날도 있지만 아기자기한 걷는 재미가 덜한 것 같아 망설이게 된다. 내 걸음걸이로는 만오천 보步 정도로 대략 왕복 두 시간 거리다. 아랫배가 나올 나이가 지났으나 아직 그다지 보기 싫지 않은 것은 모두 걷기 덕분이다.

남산 둘레길을 가다 보면 다양한 사람들을 만난다. 여럿이 무리를 지어 다니는 중년의 선남선녀善男善女들이 있는가 하면, 쉼 없이 가을의 정취를 카메라에 담는 사진동호회 회원들도 있다. 거친 숨을 몰아쉬며 달리는 남녀 마라톤 커플도 있고, 길고양이들에게 때맞춰 먹을거리를 보시하는 마음 따뜻한 자비보살도 있다.

때로는 마음이 무겁고 안타까운 장면과도 맞닥뜨려야 한다. 산책로 중앙의 안내 블록을 따라 지팡이를 두드리며 조심스럽게 걸음을 재촉하는 시각장애인들이 보인다. 서로 주거니 받거니 하면서 팔짱을 교환하는 부부도 있지만, 혼자서 힘겹게 걸어가는 시각장애인들이 더 많다. 그분들을 볼 때마다 나는 알 수 없는 무력감에 빠진다. 업業과 윤회輪廻. 도대체 생사윤회란 무엇인가라는 근본적인 물음을 던져본다. 잠시 멈칫했지만 가던 길을 멈출 수는 없다. 다시 야트막한 고갯길을 두어 번 오르내리다 보면 머리 위로 케이블카 지나가는 소리가 들린다. 반환점인 명동 입구가 가까워졌다는 신호다.

잠시 숨을 고르다가 지나온 길을 문득 되돌아본다. 필동 쪽의 남산은 마치 한복을 곱게 차려입은 여인이 두 손으로 울긋불긋한 치맛자락을 펼친 채 다소곳하게 앉아 있는 듯한 모습이다. 옛날 양반집 규수의 고운 자태를 닮았다. 올 때는 사람들만 보였지만 갈 때는 경치가 보이기 시작한다. 복원된 성곽과 운치 있는 계단들은 보는 눈맛을 더해준다. 둘레길을 따라 졸졸 흐르는 개울물과 작은 연못을 본떠 만든 물웅덩이는 얼마나 앙증맞고 예쁜지. 이 산책로는 산벚꽃나무와 단풍나무가 마주 보며 짙은 숲을 이루고 있어 걷기만 해도 저절로 힐링이 된다. 가끔 삐딱하게 날아가는 산비둘기를 무심하게 쳐다보는 것도 별미다. 인적이 드문 먼 산의 가을이 그립다면 아쉬운 대로 가까운 남산의 가을이라도 한번 걸어보시기를.

혼자 중얼거리며 걷다 보니 어느새 국립극장 정문이다. 동대입구역 방향으로 이어지는 내리막길이 기다리고 있다. 이 구간은 은행나무 가로수길이다. 산란을 위해 마지막 있는 힘을 다하는 연어들처럼 늙은 은행나무가 성년이 된 자식들을 울면서 출가시키고 있다. 보도 위에는 벌써 낙엽이 되어버린 어제의 은행잎들이 수북하게 쌓였다. 미끄러워서 자칫하면 엉덩방아를 찧을지도 모른다.

두 시간 남짓한 남산 가을 걷기가 끝나갈 즈음 갑자기 후드득 빗소리가 들린다. 멍 때리며 걷던 나는 화들짝 놀란다. 우산을 챙기고 나왔을 리 만무할 터. 봄비는 맞아도 좋으나 가을비는 꼭 우산을 쓰라고 했다. 이유는 잘 모르겠다. 설마 〈가을비 우산 속〉이라는 노래 속 가사가 그 대답은 아닐 테고.

어느새 11월이다. 입동도 지났다. 나무도 사람도 한 해를 갈무리해야 할 시간. 좋았던 것은 좋았던 것대로, 또 그렇지 않은 것은 그렇지 않은 것대로 마음속 김칫독에 푹 묻어야겠다.

언제 밥 한번 먹읍시다

모임이 끝나갈 무렵이면 으레 "언제 밥 한번 먹읍시다. 다음에는 제가 사겠습니다"라는 말을 듣게 된다. 더러 '언제' 대신 '조만간'이라고 시점을 못 박는 사람도 있다. 나도 이 말을 셀 수 없이 내뱉고, 또 수없이 들었다. 하지만 세상에서 가장 실없는 인사말이다. 그때뿐이지 대부분 공허한 헛말로 소비되기 때문이다. 이 말의 의미와 정감도 날이 갈수록 퇴색하고 있다는 느낌을 받는다. 약속은 공동체를 유지하기 위한 최소한의 사회적 장치다. 불자들이 사소한 말이라도 함부로 남발해서는 안 되는 이유다.

말은 상응하는 행동이 수반될 때 비로소 완성된다. 그런데 사람들은 이런 인식에 둔감하거나 때때로 외면하곤 한다. 나 또한 예외가 아니었다. 지나고 보니 밥값을 낸 지인에게 엉겁결에 '다음에는 내가'라고 호기를 부린 것에 불과했다. 약속의 농도는 이튿날부터 급격하게 묽어지기 일쑤였다. 애써 기억하고 싶지 않은 상투적인 약속도 많았을 것이다. 약속을 하는 것과 약속을 지키는 것은 별개의 문제인 것 같다. 자기가 한 약속에 불성실한 것은 불망어계를 어기는 것이나 다름없다. 언제부터인가 사람들의 그런 태도가 눈에 거슬렸다. 그날의 기분에 따라 괜히 내가 무시당하거나 하찮은 사람으로 느껴지기도 했으니까 말이다.

그래도 세상에는 약속을 가볍게 여기는 사람들만 있는 것은 아니다. 말을 신중하게 하고 자신이 내뱉은 말은 반드시 지키려는 사람들도 적지 않다. 시간이 지나면서 약속을 오남용하는 사람들과는 자연스럽게 멀어졌다. 애써 누구를 탓할 일도 아니다. 빈말을 과소비하는 사람은 상대방에게 불쾌감을 선사할 뿐이다. '좋은 것이 좋다'는 명제를 인간관계의 금과옥조로 여기는 사람들도 있지만, 그다지 동의하고 싶지 않다. 우리가 당신을 배제하는 것이 아니라 당신 스스로 우리에게 배제되는 경우도 얼마든지 있을 수 있다는 말이다.

나뭇잎은 이미 떨어졌지만, 눈은 아직 내리지 않았다. 어떤 가수는 이맘때쯤을 '쓸쓸한 계절'이라고 노래했다. 한 해의 마지막 달인 12월만을 남겨놓은 11월. 가끔 까닭 모를 허무감이 밀려온다. 어쩌면 그것은 이유 없는 '11월'의 절대적 고독일지도 모르겠다. 12월을 건너뛸 수 없는 11월은 아주 새롭게 시작하는 1월보다 의기소침할 수밖에 없다.

늦은 밤 가을을 향해 작별 인사라도 건네듯 찬비가 내렸다. 비가 그친 뒤 바람은 한층 더 냉기를 뿜을 것이 분명하다. 아쉬움보다 새로움이 더욱 간절해지기를 꿈꾼다. 젊음도 좋지만 익어감을 더 사랑하라는 말을 곱씹어보게 된다. 시간은 배고플 때 비빔밥 먹는 속도만큼이나 빠르게 지나간다. 나만 그런지도 모르겠다.

이제 곧 연말연시다. 이런저런 빌미로 크고 작은 모임들이 조직된다. 그때마다 "언제 밥 한번 먹읍시다. 다음에는 제가 사겠습니다"라는 말을 습관처럼 주고받는다. 밥값을 내지 않은 멋쩍음을 벗어나기 위해 말로만 하는 의례적인 약속은 하지 않겠다는 다짐을 해본다. 사소한 언어 공해가 심각한 인공 재해를 만든다. 언제 밥 한번 먹자고 했으면 적어도 한 달은 넘기지 말아야 한다. 그래야 말과 행동이 일치하는 건강한 사부대중이 될 수 있다. 몸과 입과 마음으로 짓는 작지만 소중한 몸짓들에도 불교적 향기가 깃들 필요가 있다는 점을 강조하고 싶다. 작은 실천만으로도 세상은 충분히 맑고 밝아질 수 있기에 그렇다.

말과 처신에서 괜히 멋을 부리는 사람들을 자주 본다. 처음엔 멋있어 보였으나 갈수록 맛이 없는 사람이라는 것을 알게 된다. 겉멋보다는 속맛이다. 겉멋이 있다는 말보다 속

맛이 깊은 사람이라는 말을 들었으면 좋겠다. 늦가을과 초겨울 사이 바람은 차고 안개는 잦다. 일기예보에 따르면 추운 겨울이 우리를 기다린다고 한다.

새해 결심

지난가을 내내 남의 일로만 여겼던 우울증을 앓았다. 친구의 말기 암 투병이 직접적인 계기가 됐지만, 정년퇴직을 앞둔 내 나이가 환갑 되던 해에 돌아가신 아버지보다 많다는 자각이 더 큰 원인이었던 것 같다. 아버지나 친구처럼 나도 이제 물리적으로 충분히 죽을 나이가 되었다는, 자연의 진실을 아프게 받아들여야만 했던 2023년의 가을은 내게 유난히 길게 느껴졌다. 갑자기 어릴 적 추억들이 가을비 우산 속 연인들처럼 정겹게 말을 걸어왔고, 다시 그 시절로 돌아가고 싶다는 비현실적인 욕망에 끊임없이 시달려야 했다.

그즈음 수십 년 만에 어렵게 연락이 닿은 몇몇 고향 친구들에게 맥락도 없는 긴 문자를, 그것도 자주 보내는 일을 반복하는 증상이 생겼다. 그들은 아마도 나를 향수병에 젖은 중늙은이쯤으로 치부했을지도 모르겠다. 당시 나는 단기 기억의 뚜렷한 상실과 장기 기억의 생생한 보존이라는, 일종의 향수성 우울증을 앓고 있었던 것 같다. 거의 두 달 이상 잠을 잘 수 없었고, 입맛은 온데간데없이 사라져버렸다. 체중이 무려 7kg이나 빠졌다. 어제와 오늘의 사건들이 한데 뒤섞이면서 도무지 정상적인 판단을 할 수 없는 시간이 한동안 이어졌다. 이러다가 잘못된 선택을 할 수도 있겠다는 불안감마저 들었다.

하지만 나에겐 돌아가야 할 엄숙한 현재의 시간이 기다리고 있었다. 얼마 남지 않은 가르칠 기회를 더욱 소중하게 사용해야 한다는 각오를 거듭 되새겨야 했다. 강의 내용을 업그레이드하기보다는 학생들과 진솔한 만남의 기회를 더 많이 만들자고 다짐했다.

요즘 학생들은 우리 어른들보다 훨씬 더 똑똑하다. 각종 디지털 기기도 능숙하게 다룰 줄 안다. 구김살 없이 자랐기에 매사에 자신만만하다. 그것을 자기밖에 모르는 '싸가지 없음'으로 단정할 일은 아니라고 본다. 그들은 무엇보다도 정의와 상식이 통하는 세상을 지향한다. 여기에 당당하고 아름다운 마음씨까지 지녔다. 이처럼 젊은이들은 어른들이 뭔가 그들에 대한 불만을 제기할 만한 공간을 허용하지 않는다. 그런 만큼 기성세대는 오히려 청년세대에게 배울 것이 더 많다는 사실을 있는 그대로 인정했으면 좋겠다.

나는 대학에서 이런 젊음들의 변화하는 모습을 학기마다 직접 목격하는 즐거움을 누리면서 살았다. 고맙고도 감사한 일이 아닐 수 없다. 앞으로 남은 기간 동안 나의 계획은 '하던 것 그대로' 지금처럼 계속하는 것이다. 복싱 체육관에도 변함없이 나갈 것이고, 불교 원전 공부도 중단할 마음이 없다.

정년과 동시에 대학원 불교학과에도 새로 입학할 계획이다. 경제적으로 다른 일을 도모할 수 있는 형편이 아닌 만큼 대학원에 들어가 공부하는 것은 여러모로 경제적인 투자일 수밖에 없다는 결론을 내렸다. 여태껏 불보살의 보살핌 덕분에 대학교수의 지위와 명예를 누릴 수 있었던 것에 대해 조그만 성의라도 보여야 한다는 마음도 아주 없지는 않지만 말이다. 자식 같은 후배들과 함께 원어로 불교 경전을 읽는 장면은 상상만 해도 가슴이 뛴다. 어쩌면 그것은 이기적인 나만의 발상일지도 모르겠다. 그러나 적어도 나 자신에게는 감히 아름다운 이기심이라고 칭찬해주고 싶다. 다행히 가족과 주변 지인들도 응원해주고 있어서 용기백배다. 대학원 제자들은 '지도교수 대학원 후배 만들기' 장학금 프로젝트도 추진할 모양이다. 슬며시 입가에 미소가 번진다. 갑진년 새해 벽두부터 용솟음치는 청룡의 기운을 느낀다.

최근 요 며칠은 불과 하루 이틀 사이에 묵은해가 되어버린 계묘년 2023년 12월과, 어느덧 신년이란 이름의 갑진년 2024년 1월을 아직도 구분하지 못한 채 혼란스러운 시간을 보내야 했다. 그동안 익숙했던 올해가 다시 낯선 새해로 바뀌었다는 현실을 애써 외면하고 싶은 나의 어리석음이 낳은 후유증이거나 부작용 탓일 것이다. 해마다 이맘때쯤이면 겪는 이른바 성장통이라는 생각도 해보지만, 올해는 왠지 더 헛헛해지는 느낌을 떨칠 수 없다. 몸의 나이는 언제나 마음의 나이와 함께 연동이 되나 보다.

그건 그렇고. 2024년 갑진년 새해가 시작되었다. 늘 그래왔듯이 새해 결심도 거르지 않을 생각이다. 올해는 '하던 것 그대로' 계속 잘 하자는 것이 나의 새해 목표다.

2장

·

부끄러움

나이가 들수록
정작 하고 싶은 말이 있어도
가능하면 입을 꾹 다물게 되는 것은
그만큼 말의 무게를
잘 알기 때문일 테다.

외국인 세 모녀가 일깨워준 시민의식

　　누군가 해야 할 일이지만 아무도 선뜻 나서지 않는 일을 먼저 하는 사람들을 보면 가슴이 따뜻해진다. 그런 사람들의 이야기를 들을 때마다 우리는 잔잔한 감동과 함께 몸소 그렇게 할 용기가 없었던 나 자신에 대해 부끄러운 마음을 갖는다. 어쩌면 그들은 대립과 갈등으로 얼룩진 이 세상이 그래도 여전히 살 만한 곳임을 말없이 가르쳐주는 불보살들일지도 모르겠다는 생각을 해본다.

　　몇 해 전 SNS 이용자와 네티즌들 사이에 큰 반향을 불러일으킨 외국인 세 모녀의 이야기도 그와 같은 감동을 선사해주었다. 화제의 동영상은 30대 후반 정도로 보이는 민소매 차림의 외국인 엄마가 앙증맞은 모자를 쓴 예쁜 꼬맹이와 함께 기껏해야 초등학교 저학년쯤으로 추정되는 어린 딸을 데리고 바닷가 쓰레기를 치우는 모습을 담고 있었다. 마침 부산 광안리 해변을 지나던 어느 목격자가 휴대폰으로

이 장면을 촬영했고, 감동을 받은 주변 사람들과 공유하는 과정에서 SNS와 인터넷으로 급속히 퍼져나갔던 모양이다. 동영상 파일 밑에 달린 댓글에는 '아이고 이뻐라', '고사리 같은 손으로, 부끄럽네', '이런 게 제대로 된 시민의식이다', '너무 감동적이다'와 같은 말들이 줄을 이었다.

당시 광안리 해수욕장 주변은 태풍 '차바CHABA'가 몰고 온 온갖 쓰레기로 아수라장이 되어 있었다. 동영상에 나오는 세 모녀는 청소도구를 이용해 각종 쓰레기를 한곳으로 모으거나 어디론가 끌고 가고 있었다. 파도에 떠밀려온 해초류와 생활용품 따위가 뒤엉켜 흉물스러운 쓰레기를 정리하는 세 모녀의 모습이 평소에도 늘 하던 익숙한 작업인 듯 지극히 자연스럽게 보였다.

어쩌면 동영상을 본 사람들은 이처럼 꾸밈없는 장면으로부터 더 큰 감동을 받았는지도 모른다. 세 모녀가 근처에 사는 동네 주민인지, 잠시 부산에 들른 외국 관광객인지는 모르겠으나, 중요한 것은 이 아름다운 모습에서 우리의 부끄러운 시민의식을 되돌아보게 되었다는 사실이다. 지역 주민들은 직접 팔을 걷어붙이고 내가 먼저 쓰레기를 청소해야겠다는 시민적 의무감을 느끼지 못했을 것이다. 당연히 관계 당국이 나서서 해야 할 일이라고 여겼을 가능성이 크다. 섣부른 단정일 수도 있지만 실제로 많은 사람들이 그렇게 생각하며 살아가고 있다.

　여기서 우리는 새삼 시민의식의 중요성을 지적하지 않을 수 없다. 베이비붐 세대인 나는 어릴 적에 내 소유의 자동차를 가질 수 있을 거라곤 꿈에도 생각하지 못했다. 깨끗한 주거환경과 넘쳐나는 먹거리 역시 두말할 필요도 없다. 그러나 이렇게 나라 경제가 급성장한 현실과 다르게 과연 우리는 민주시민의 자격을 갖춘 사람들인가를 반문해보면 나부터 대답이 궁색해지고 만다. 잦은 교통위반에다 내 집 앞 눈 치우기에도 모른 척하는 경우가 얼마나 많았던가. 곱씹어볼수록 나의 시민의식 점수는 바닥을 맴도는 수준임을 부인할 수 없겠다.

　예부터 한국인은 공동체적 유대감이 유달리 강한 민족이었다. 가족뿐만 아니라 이웃 간에도 서로 돕는 미풍양속의 문화를 널리 공유해왔다. 그러나 어느 순간부터인가 슬그머니 자리 잡기 시작한 극단적 이기주의가 건전한 시민의식의 토대를 허물고 있었다. 그런 점에서 어린 두 딸과 함께 낯선 이국의 해변에 밀려든 쓰레기를 치우는 외국인 가족의 솔선수범은 우리의 시민의식을 부끄럽도록 일깨워주었다. 그나마 다행인 것은 외국인 세 모녀가 쓰레기를 청소하는 모습을 보고 지나가던 사람들이 함께 힘을 보태 작업을 마무리했다는 점이다.

시민의식은 이렇게 조금씩 성장하는 것인지도 모른다. 작지만 큰 울림으로 우리의 윤리적 자화상을 되돌아보게 만든 이름 모를 외국인 세 모녀에게 이제라도 고맙다는 인사를 전하고 싶다.

돈만 있으면 '효孝'도 살 수 있는가

　　한때 "만약 당신의 부모님이 '지금 우리가 살고 있는 이 집을 너희에게 물려줄 테니, 앞으로 효도할 생각이 있느냐'라고 물으신다면?"이란 질문이 담긴 어느 대학교수의 연구 결과가 매스컴에 소개되어 장안의 화제가 된 적이 있다. 그것은 '돈이 있어야 자식들의 공경을 받는다'는 세간의 속설을 여지없이 보여주는 기사였다.

　　논문에 의하면 세계 27개국 가운데 유독 우리나라에서만 부모의 재산이 많거나 소득이 높을수록 자녀들과 만나는 빈도가 잦아지는 흥미로운 현상을 보여주었다. 예컨대, 부모의 소득이 1% 높아지면 부모와 자녀가 일주일에 한 번 이상 만날 확률이 통계적으로 2.07배나 증가했다. 또한 따로 사는 부모나 친지들과 서로 왕래하는 횟수도 한국이 일본과 더불어 비교 대상 국가들 가운데 가장 낮은 것으로 조사되었다. 그러면서도 '갑자기 큰돈이 필요할 때 찾는 사람'은 우리나라 사람들의 경우 51.9%가 '가족이나 친족'이라고 답변했다.

그렇다면 부모와 자식 간의 관계는 도대체 어떻게 규정되어야 하는가? 그뿐만이 아니다. 일부 계층에서는 '효 테크'란 말도 유행하고 있다. 한마디로 말해 부모를 '자~알' 모시는 행위가 곧 자식들의 현명한 재테크 수단이 되고 있다는 것이다.

이쯤에서 우리는 불교 윤리에서 강조하는 '자리이타행自利利他行의 원리'를 되새겨보게 된다. 왜 붓다는 '이타자리행'이라고 하지 않고 '자리이타행'이라고 말씀하셨을까? 아마도 붓다가 보시기에 이 세상 모든 존재가 자신의 이익을 최우선적으로 여기는 자연적 본성을 지니고 있기 때문이리라. 《앙굿따라 니까야》에서도 붓다는 '이기'와 '이타'를 동시에 추구하는 것이 가장 바람직한 일이지만, 그것이 어렵다면 '이타'를 우선하고 '이기'를 희생하는 삶보다는, '이기'를 앞세우되 가능하면 '이타'까지 배려하는 행위를 윤리적인 삶의 한 형태라고 친절하게 알려주신다.

이런 붓다의 가르침을 부모와 자식에게 적용해보면 우리는 다음과 같은 결론을 얻을 수 있겠다. 즉 부모와 자식 모두 자신들의 이익을 상대방의 이익보다 먼저 고려하는 것은 인간의 본성상 지극히 당연하다는 것이다. 다만 그와 같은 솔직한 감정을 표현하는 양측의 윤리적 사고방식이 우리 사회의 건전한 도덕성과 어긋나서는 안 될 일이다.

문제는 그동안 부모-자식 관계가 서로에 대한 도덕적 의무 관계로만 인식되어왔다는 데에 있다. 그 결과 부모와 자식은 일종의 상호 채권-채무자 관계로 전락하고 말았다. 이때부터 부모와 자식은 서로에 대한 도덕적 기대의 충족 여부로 대부분 긴장 관계를 형성하게 된다. 따지고 보면 '돈이 있어야 자식들의 공경을 받는다'거나 '효 테크'라는 금융 상품의 등장은 그와 같은 인간적 불편함을 자본주의적으로라도 해소하기 위한 나름의 고육지책일지도 모른다. 부모는 자식으로부터 효도라는 '정신적 이익'을 얻고 싶고, 자식은 부모로부터 '경제적 이익'을 획득하고 싶은 양측의 계산이 그런 식으로라도 타협점을 찾고 있는 것일 수도 있겠다는 말이다. 서글픈 일이긴 하지만 이것이 오늘날 우리 사회의 엄연한 현실인 것을 어쩌겠는가.

다행히 윤리학에서는 다양한 이해관계들을 조정하고 또 그것을 도구화하는 방법을 모색하는 한편, 언제 어디서나 어떤 조건하에서도 인간이라면 반드시 지켜야 할 근본적인 도덕성이 있음을 규명하고, 더 나아가 이를 내면화하기 위한 도덕형이상학적 관점을 강조하고 있다. 우리의 건전한 도덕 상식은 부모와 자식 간의 관계를 이해관계의 입장에서

가 아니라 예나 지금이나 변함없이 도덕성의 입장에서도 받아들일 것을 주문하고 있는 것이다. 그리고 적어도 우리 불자들은 돈으로 '효도'를 살 수 있다고 믿는 그런 어리석은 사람들은 아닐 것이라고 믿고 싶다.

플라스틱 쓰레기

　　무심코 버린 플라스틱 용품들이 쓰레기로 변해 해양 생태계를 심각하게 훼손하고 있다는 보도가 이어지고 있다. 물고기들이 비닐봉지나 플라스틱을 먹이로 착각하고 삼켰다가 고통 속에 폐사하거나 몸속에 미세 플라스틱을 그대로 품은 채 각 가정의 식탁에 오르고 있다. 우리가 소비한 플라스틱 쓰레기가 다시 우리의 건강을 위협하고 있는 것이다.

　　심지어 미국 CNN 방송은 "한국의 플라스틱 문제는 문자 그대로 엉망진창이다South Korea's plastic problem is a literal trash fire"라는 제목의 보도까지 냈다. 그들의 지적은 한마디로 우리나라 사람들이 플라스틱 제품을 너무 많이 사용한다는 것이었다.

　　통계청에 따르면 2016년 한국의 연간 1인 플라스틱 소비량은 98.2kg으로, 미국의 97.7kg보다 많은 세계 1위 수준이다. 여러 가지 원인이 있겠지만 그중에서도 무분별한 일회용품의 과다 사용이 가장 큰 것으로 보인다. 매일 마시고 버리는 플라스틱 컵과 빨대가 대표적이다. 지금부터라도 플라스틱으로 만든 일회용품 사용을 과감하게 줄이려는 인식 전환과 함께 이를 뒷받침하는 제도적 지원이 시급하다는 생각이 든다.

예전에 바닷새 알바트로스가 플라스틱 쓰레기를 자기 새끼에게 게워 먹이는 장면이 신문에 크게 실린 적이 있다. 크리스 조던Chris Jordan이라는 사진작가가 8년간 추적한 〈알바트로스〉(2018)라는 다큐멘터리 가운데 한 장면이었다. 이를 본 사람들은 한결같이 플라스틱 쓰레기의 심각성에 눈살을 찌푸렸다. 또 제주 앞바다에서 죽은 채로 발견된 바다거북 네 마리를 연구기관에서 부검한 적이 있는데, 거북의 배를 가르자 각종 해양 쓰레기들이 끝도 없이 나왔다. 해초나 해파리를 먹고 사는 거북이 비닐이나 플라스틱 부스러기를 먹이로 여기고 한입에 꿀꺽했기 때문이다. 말 못 하는 거북이 얼마나 고통스러웠을까? 토할 수도 없고 손으로 꺼낼 수도 없으니 오죽 답답했을까? 또 우리 인간들을 얼마나 원망했을까? 사진을 본 나는 가슴이 먹먹했다.

미국 캘리포니아주와 하와이주 사이의 해역에 최소 7만 9000톤의 해양 쓰레기로 구성된 '태평양 쓰레기 섬Great

Pacific Garbage Patch, GPGP'이 떠다니고 있다고 한다. 플라스틱 조각 1조 8000억 개로 뒤덮인 엄청난 규모의 이 섬은 약 160만 제곱킬로미터에 이르는 해역을 차지하고 있는데, 이는 우리나라 면적의 15배 크기에 달한다. 다소간 규모의 차이는 있겠지만 태평양과 대서양에는 이런 종류의 쓰레기 섬이 서너 개 더 있다고 한다.

해마다 세계 전역에서 버려지는 플라스틱 쓰레기는 무려 1,200만 톤에 이른다. 1분마다 트럭 1대 분량이 강이나 바다로 버려지고 있다는 뜻이다. 지금과 같은 속도로 플라스틱 쓰레기가 계속 증가한다면 2050년경에는 전체 물고기보다 플라스틱의 양이 더 많아질 것이라고 예상하는 전문가들도 있다. 지금 이 순간에도 오대양 육대주에서는 온갖 종류의 쓰레기에서 비롯된 생태계의 오염과 파괴가 계속되고 있다. 시간이 지날수록 상황은 더욱 악화될 전망이다.

이제 우리는 플라스틱 쓰레기 문제를 인류의 건강한 미래가 달린 시대적 관심사로 받아들여야 한다. 아울러 플라스틱의 재활용 기술을 더욱 적극적으로 개발해야 할 것이다. 그러나 무엇보다 시급한 것은 이런 인식의 변화를 구체적인 행동으로 옮겨줄 일상적인 윤리의 실천이다. 제발 마음대로 쉽게 쓰고 난 뒤 함부로 버리지들 않았으면 좋겠다.

막말 대잔치

　　　　　살다 보면 누구나 한 번쯤 무심코 한 말이 그야말로 무서운 결과로 되돌아오는 경험을 할 때가 있다. 또한 반대로 진심을 담은 말 한마디가 상대방에게 얼마나 큰 힘이 될 수 있는가를 깨닫게 되는 순간도 생긴다. 그래서 말은 참으로 '요물덩어리' 같다는 생각이 들 때가 많다. 자기는 분명히 그런 뜻으로 한 말이 아닌데, 상대방이 잘못 받아들이거나 심지어 제삼자에게 전해질 때는 전혀 엉뚱한 말이 되어 사람들의 입에 오르내리기도 하니 말이다.

　나이가 들수록 정작 하고 싶은 말이 있어도 가능하면 입을 꾹 다물게 되는 것은 그만큼 말의 무게를 잘 알기 때문일 테다. 그래서 예로부터 자칫 세 치 혀로 재앙을 불러들이는 설화舌禍를 거듭 경계하라고 했는지도 모르겠다.

　몇 해 전 야당의 대변인이 당시 박근혜 대통령을 가리켜 이른바 '귀태鬼胎'의 후손이자 따라서 대통령 자신도 '귀태'

일 수 있다는 뉘앙스의 발언을 하는 바람에 한바탕 소동이 벌어진 바 있다. '귀태'란 말이 중국에서는 '마음속에 숨겨둔 악의'를 뜻하는 말로 쓰이나, 일본에서는 '태어나지 말아야 할 사람'이란 뜻으로 쓰이기도 한단다. 어느 일본 작가가 일제의 1급 전범인 기시 노부스케 전 총리와 박정희 전 대통령을 귀태로 표현하는 바람에 엉겁결에 우리도 그 뜻을 알게 되었다. 그러나 누가 듣더라도 썩 유쾌한 말은 아닌 것 같다.

여기서 우리는 조금씩 마음이 불편해지기 시작한다. 그렇다면 그를 대통령으로 뽑은 대한민국 국민의 정체성은 도대체 무엇이란 말인가? 이 세상에 태어나지 말았어야 할 사람을 대통령으로 뽑았다는 말인가? 이처럼 귀태란 말은 받아들이기에 따라 우리 모두에게 엄청난 모욕감을 줄 수 있는 단어다. 누가 우리에게 "당신은 결코 이 세상에 태어나선 안 될 사람"이라고 말한다면 기분이 어떨까? 곱씹어볼수록 낯이 뜨거워지는 모욕적인 언사가 아닐 수 없다.

우리는 그 말이 나오게 된 그동안의 정치적 맥락이나 전후 사정에 대해서는 자세히 모른다. 아니, 딱히 알고 싶은 마음도 없다는 것이 더 정확한 표현이리라. 다만 우리는 그와 같은 천박한 말이 예사롭게 오가는 한국 사회의 품격과 자존감을 스스로 부끄러워할 따름이다.

우리나라 사람들의 일상적 언어생활이 이렇게까지 피폐

해진 데는 무엇보다도 인터넷 환경의 영향이 크다. 각종 포털사이트와 SNS상에는 자극적인 말들이 끊임없이 생산되고 또 실시간으로 소비된다. 지금 이 순간에도 사이버 공간에서는 조롱과 막말, 음담패설, 선동, 진영 논리가 판을 치고 있다. 지면상으로는 도저히 옮겨 적을 수도 없는 막말들이 도배되어 있다. 이에 대해 관련 전문가들은 정치인들의 '막말 정치'와 포털사이트의 '검색어 경쟁'이 서로 상승작용을 일으키면서 상황을 계속 악화시키고 있는 것으로 진단한다.

잘 알고 있다시피 불교에서는 말과 관련된 일체의 잘잘못을 가리켜 구업口業이라고 부른다. 귀태 발언의 경우에는 그중에서도 욕에 해당하는 악구惡口, 그리고 악구 가운데서도 최악의 악구가 아닌가 싶다.

모든 업에는 반드시 그에 상응하는 과보가 따르게 마련이다. 제발 당부하건대, 정치인들은 서로 막말만 하지 말고 정치의 본질인 민생民生으로 회귀해주길 바란다. 그렇지 않으면 쇠꼬챙이에 찔린 혓바닥을 내밀고 고통스러운 표정을 짓고 있는 〈지옥도〉의 주인공이 될지도 모른다. 우리 서로 지옥 가는 일만은 피해야 하지 않겠는가.

잘산다는 것은 좋은 일이지만

　　2023년 기준 우리나라의 구매력평가지수PPP 기준 1인당 국내총생산GDP은 5만 3051달러로, 이는 세계 26위에 해당하는 순위다. PPP를 기준으로 삼았을 때의 소득은 국민총생산GNP을 전체 인구로 나눈 국민 1인당 명목 소득과 달리 삶의 실질적인 수준을 평가하는 지표로 널리 활용되고 있다. 그런데 2022년 대한민국 1인당 GNP가 3만 2142달러로 집계된 사실을 고려하면 위의 수치는 우리나라 사람들이 소득에 비해 상대적으로 돈을 더 많이 쓰고 있다는 확실한 증거 자료이기도 하다. 한마디로 말해 많은 사람들이 미래를 위한 저축보다는 현재의 욕구 충족을 위해 앞뒤 가리지 않고 물건을 소비하고 있다는 것이다.

　개인적인 차원에서만 보면 잘산다는 것은 가난한 것보다 훨씬 좋은 일임이 분명하다. 하지만 그것을 향유하는 방식이 잘못되었다면 많은 이들로부터 도덕적인 비난과 함께 사회적 지탄의 대상이 되기도 한다는 점을 잊어서는 안 된다. 최근 사회적으로 한창 이슈가 된 '청소년 명품 소비' 논란이 바로 그 한 예이다.

일반인의 상식으로는 도저히 이해할 수 없는 일이지만, 일부 사람들 사이에서는 이른바 도를 넘은 명품 집착 같은 소비 행태를 보이는 사람들이 엄연히 존재하고 있다. 보도에 따르면 우리나라 경제 규모는 세계 10위권이지만 고급 외제차와 각종 명품 의류 및 장신구, 그리고 값비싼 양주와 와인 등의 소비시장 측면에서는 세계 4~5위권에 해당한다고 한다.

불과 30여 년 전만 해도 우리나라가 IMF 구제금융을 받던 나라임을 상기시켜본다면 이는 결코 가볍게 넘길 사안은 아닌 것 같다. 최근 들어 해외 유명 기업 CEO들이 부쩍 서울을 자주 찾는 것도 결국 소비 지향적인 한국인들의 구매 의욕을 자극하고 자사의 제품을 더 많이 수출하려는 고도의 판매 전략에 지나지 않는 것처럼 보여 씁쓸하기 짝이 없다.

그러나 이보다 더욱 심각한 일은 이와 같은 과소비 경향이 비단 개인에게만 국한된 것이 아니라는 사실이다. 중앙정부는 물론이고 지역 단위의 광역단체장들도 서로 경쟁적으로 호화 청사를 짓는가 하면, 각종 채권을 남발하면서 수익성도 없는 사업을 무더기로 벌인 결과 현재 지자체가 갚아야 할 순수 부채만 15조 원에 육박한다는 소리도 들린다. 한마디로 말해 우리 사회는 모든 영역에서 재정 건전성이 심각한 위협을 받고 있는 상태인 것이다.

사정이 이렇게 된 데에는 신용카드의 무분별한 발행과 사용이 큰 영향을 미쳤을 것이라고 생각한다. 봉급생활자인 나 또한 여기서 예외가 될 수 없을 것이다. 버는 액수보다 쓰는 양이 더 많으면 가정이든 국가든 파탄이 나는 것은 불을 보듯 뻔한 일이다. 이렇게 가다가는 우리나라의 10년 뒤가 정말 걱정된다는 우려의 목소리가 나올 법도 하다. 그럼에도 불구하고 우리의 현실은 너나 할 것 없이 시도 때도 없이 신용카드를 내밀고 서명을 해댄다. 며칠 사이에 수북이 쌓이는 영수증을 보고 있노라면 나 자신도 한심하다는 생각이 들 때가 많다.

금세기 실천윤리학자로서 세계적 명성을 얻고 있는 피터 싱어Peter Singer는 이런 문제와 관련하여 특히 부의 소비 양식을 문제 삼고 있는데, 그의 말을 빌리면 윤리적으로 사는 것이야말로 진정한 의미에서 잘사는 것이라고 한다. 그는 나와 남, 더 나아가 우리 모두의 행복을 배려하고 추구하는 작은 마음들을 곧바로 실천하겠다는 윤리적 의지의 발휘야말로 자기 이익만 추구하는, 그래서 이제는 하나의 관습이 되다시피 한 맹목적 소비 중심의 삶을 근본적으로 대체

할 수 있는 방안이 될 것이라고 주장한다. 그것은 곧《정의란 무엇인가》의 저자 마이클 샌델Michael Sandel이 말하는 공동체적 미덕이 강물처럼 흐르는 정의로운 사회의 또 다른 모습이기도 할 것이다.

체벌 논란

어느 학교에서 발생한 교사의 비극적인 죽음
은 다시금 체벌 금지 논란의 찬반 여론을 분분하게 만들었
다. 대부분의 교사는, 그렇지 않아도 사실상 학생 생활지도
가 불가능할 정도로 교실이 붕괴된 상황에서 앞으로는 정말
어떻게 해야 할지 모르겠다며 하소연을 토로하고 있다.

한편, 체벌 금지 정책은 원칙적으로 옳은 방향인 만큼 다
소 혼란은 있더라도 그것이 제대로 정착될 때까지 학교와
가정 및 사회가 인내심을 가지고 구체적 대안을 마련하는
노력이 더욱 중요하다는 지적을 하는 사람들도 있다. 서울
시교육청이 발표한 '문제행동 유형별 학생생활지도 매뉴얼'
은 그와 같은 문제의식에서 마련된 일종의 고육지책이 아닌
가라는 생각이 든다.

그러나 이런 논란의 이면에는 이른바 군사부일체君師父
一體라는 전통적 사제관이 지배하던 학창 시절을 보낸 기성

세대들이 어쩌면 아직도 극복하지 못한 일종의 과거 지향적 향수가 자리 잡고 있다는 증거가 아닐까 하는, 다소 불순한 의심도 하게 된다.

당시에는 용모가 단정치 못하고 복장이 불량하다는 이유로, 지각하고 결석했다는 이유로, 성적이 떨어졌다는 이유로 매타작을 당하기 일쑤였다. 그래도 다들 별다른 불만이 없었다. 왜냐하면 선생님이 제자에게 회초리를 드는 것은 말 그대로 사랑의 매이자 교육적인 필요악이라고 생각했기 때문이다. 이는 가정에서도 예외가 아니었다. 거짓말을 했다는 이유로, 친구 연필을 훔쳤다는 이유로, 집에 늦게 돌아왔다는 이유 등으로 어머니나 아버지에게 매를 맞는 경우가 적지 않았다. 그런데 요즘은 자식이 하나 혹은 둘뿐이다 보니 가정에서 엄격한 훈육을 받고 자란 아이가 거의 없다. 이제는 싫든 좋든 과거와는 다르게 교사와 학생 스스로가 바람직한 관계를 창출해나가야 한다.

체벌 금지를 두고 벌어지는 논란 역시 이러한 인식의 변화에서 그 해결책을 찾는 것이 바람직하다고 본다. 그런 점에서 오늘날 기성세대들은 가정과 학교 및 사회에서 요즘 아이들이 버릇없다고, 자기밖에 모르는 이기주의자들이라고 비난하기에 앞서 그들을 이해하고 설득하기 위해 얼마나 노력했는지 자문해볼 필요가 있다. 내 경우만 되돌아봐도 그 대답은 부정적일 수밖에 없을 것 같다.

　이제는 성인이 된 아들 하나를 두고 있는 나는 아이를 키울 때 무슨 일이 있을 때마다 냅다 소리부터 지르고 혼내다가 심지어 매를 들고 싶은 마음이 든 경우가 비일비재했다. 아이의 입장에서 왜 그랬는지, 호흡을 가다듬고 진지한 표정으로 물어본 적이 사실상 없었던 것이다. 그러다가 어느 날부터인가 아버지라는 권위의 이름으로 아들을 통제하는 것이 점점 어렵다는 사실을 깨닫기 시작했다. 처음에는 마음 한구석이 불편하기 짝이 없었지만 차츰 있는 그대로의 현실을 받아들이기로 했다. 용기를 내어 아들에게 대화를 시도하자 반신반의하던 아이도 차츰 아버지의 입장을 수긍하려는 눈치였고 집안 분위기도 한결 부드러워졌다.

　어쩌면 학교 현장도 크게 다르지 않을 것이다. 교사들 역시 체벌의 즉각적 효과나 편의성보다는 매를 들지 않고도 학생 지도가 가능한 방법을 끊임없이 고민하고 실천하겠다는, 전문 직업인으로서의 자세와 각오를 가다듬을 때라고 생각한다. 지금의 상황은 기성세대들에게 그동안 아이들을 대하던 태도와 자세에 대한 겸허한 반성과 더불어 자식 세대를 이해하고 설득하기 위한 노력을 한층 더 요구하는 시대가 아닌가 싶다.

폭력의 시대, 우리 모두가 희생자

　　　　　몇 해 전의 일이다. 고3 수험생이 성적과 입시 스트레스 때문에 갈등을 빚다가 어머니를 살해하고 8개월 동안이나 집 안에 방치하는 충격적인 사건이 있었다. 처음에는 '이게 사실일까'라는 의문이 들 정도로 도저히 믿기지 않았다. 대체 우리 사회가 어쩌다가 이 지경에까지 이르게 된 것인가 싶었다.

　실제로 우리나라 중·고등학생이 느끼는 공부에 대한 압박감은 상상을 초월한다고 한다. 조사에 따르면 2021년 OECD 22개 국가 중에서 한국 청소년들의 행복지수는 부끄럽게도 꼴찌인 22위였다. 뿐만 아니라 10대 청소년의 사망 원인 중 자살이 차지하는 비중이 가장 높았다. 다시 말해 세계 경제 규모 13위인 대한민국 청소년들은 아무도 행복하지 않은 것이다.

　돌이켜보면 학벌의 중요성을 누구보다 잘 알기에 아들

을 닦달할 수밖에 없었던 어머니나, 일류 대학에 들어가지 못하면 먹고살기 힘들다는 이야기를 귀에 못이 박히도록 들었을 아들 역시 우리 사회의 학력 만능주의가 낳은 비극의 주인공들임에 틀림없다. 참으로 안타깝고 슬픈 일이다.

그래서 우리는 이 두 사람에게 돌을 던질 수 없다. 우리 모두가 바로 그 어머니이자 아들임을 결코 부인할 수 없기 때문이다. 전문가들은 이 사건을 두고 한목소리로 "현재와 같은 입시지옥 환경 속에서는 충분히 일어날 수 있는 일"이라고 평가하고, "학생이 어떻게 부모를 죽일 수 있느냐"라는 패륜 범죄의 입장에서 접근할 것이 아니라 "교육의 본질은 과연 무엇인가"에 대한 진지한 성찰이 우선되어야 한다는 점을 강조하고 있다.

당연한 말이지만 자식은 부모의 대리만족을 위한 도구가 아니라 하나의 독립적인 인격체로서 존중받아 마땅한 존재라는 사실을 한시도 잊어서는 안 될 것이다. 이 점을 의식한다면 소중하기 그지없는 내 자식이 남의 자식과 비교 대상이 될 수 없음은 두말할 필요도 없다. 하지만 현실은 이와 너무나 동떨어져 있다. 하루에도 수십 번씩 자녀에게 하는 말이 "좋은 대학 가야 한다"는 것과 "누구 집 아들딸은 잘하는데 너는 왜 그 모양이냐"는 잔소리이지 않은가.

아들이 재수하던 시절, 하루는 집 안 화장실 바닥에 모의 소총 탄알이 수북이 쌓여 있는 것을 발견하고 깜짝 놀랐다. 아이가 스트레스를 받을 때마다 방문을 걸어 잠그고 화장실에 들어가 아버지를 죽이고 싶은 마음으로 벽에다가 총질을 해댄 결과였다. 진짜 총이 있었다면 어느 날 밤 아들이 쏜 총에 맞아 죽었을지도 모를 일이라고 생각하니 온몸에 소름이 돋았다. 부모가 무심코 하는 말이 아이에게 얼마나 큰 상처가 될 수 있는지를 미처 알지 못했다.

그날의 잊지 못할 경험으로 나는 명문대에 가라고 다그치던 어머니를 흉기로 살해한 아들의 뉴스가 말 그대로 남의 일이 아니라는 것을 뼈저리게 느끼고 또 반성했다. 어쩌면 대부분의 부모가 비슷한 심정이었을 것이다. 그럼에도 우리 아이들이 처한 입시지옥은 조금도 바뀔 기미가 보이지 않는다. 오죽 답답했으면 대학입시를 준비해야 할 고등학생들이 '대학입시 거부로 삶을 바꾸는 투명가방끈들의 모임'이란 것을 만들었겠는가.

이 밖에도 우리 사회에는 여전히 갖가지 폭력이 난무한다. 민의의 전당인 국회의사당이 최루탄 연기로 뒤덮이는가 하면, 서울 도심에서 공권력의 상징인 경찰이 폭행을 당해도 속수무책인 것이 대한민국의 부끄러운 자화상이다. 이런 사회현상을 두고 선진국으로 가기 위한 문화적 과도기란 말로 애써 자위하는 것도 이미 철 지난 옛날이야기 같다.

이제는 남을 탓하기 전에 우리 스스로 해답을 찾아 나설 때다. 실로 이런 마음가짐이야말로 비폭력의 상징인 불살생계不殺生戒를 수지한 우리 불자들의 올바른 사회참여 자세가 아닐까 싶다.

남 탓하기 전에 자기반성부터

이태원 참사의 후유증이 채 아물기도 전에 또 안전사고가 일어났다. 모 신도시에 건설 중인 아파트의 지하주차장이 붕괴되는 대형 사고가 발생한 것이다. 다행히 작업 시간이 아니었기에 인명 피해는 없었지만 연달아 사고가 일어난 것은 참으로 안타까운 일이 아닐 수 없다.

나 역시 연이은 사고를 지켜보면서 '과연 누구에게 이 책임을 물을 수 있을까' 하고 고민하지 않을 수 없었다. 하지만 많은 사람들이 이제는 그럴 때가 아니라고 생각하는 것 같다. 하루가 멀다고 이런 후진국 수준의 사건 사고가 터진다는 것은, 역으로 우리 모두에게 도덕적 성찰의 계기가 될 수도 있음을 자각하기 시작했다는 의미일 것이다.

문득 나 자신에게도 궁금해졌다. 나는 얼마나 안전 수칙을 잘 지키고 있는가. 운전 중에 울리는 문자 메시지 알림을 확인하는가 하면, 신호 위반을 하고 정지선을 어기는 일도 부지기수다. 대중교통이나 공공시설을 이용하면서 관리하는 분들의 말을 제대로 귀담아들은 적은 있기나 했던가. 곱씹어볼수록 나의 일상은 크고 작은 불법행위와 안전 불감증으로 뒤죽박죽이었다. 그러면서 무슨 일이 있을 때마다 관계자나 공무원들을 향해 손가락질이나 해댔으니, 실로 한심스러운 일이 아닐 수 없다.

천만다행히도 지금까지 나에게는 다른 사람에게 피해를 준 안전사고가 '아직' 일어나지 않았을 뿐이다. 그러나 행운이 언제까지나 나에게 머물기만 바랄 수는 없는 노릇이다. 누군가를 탓하기에 앞서 우리 모두 자기반성이 절실한 시점이라는 말이다.

전문가들의 말을 빌리면 모든 안전사고의 원인은 '나한테는 절대로 사고가 일어나지 않을 것이다'라는 맹목적인 신념에서 비롯된다고 한다. 대형 붕괴 사고의 현장에 우리가 있었다고 가정해보자. 너나 할 것 없이 지금까지 별문제 없었으니 괜찮다며 안심하지 않았을까? 다소 미심쩍은 부분이 있다 해도 그건 내 일이 아니라고, 그 정도면 으레 있을 법한 일이라고 생각했을 게 불 보듯 뻔하다. 이것이 바로 잇따른 붕괴 사고의 본질이다.

그런데 불행 중 다행으로 실제 사고가 일어난 현장에 우리는 그 자리에 없었다. 말하자면 우리도 언젠가는 사고의 희생자가 될 수 있다는 뜻이다. 사실상 안전의식이 없는 사람들에게 주의사항이나 안전요원의 지시는 있으나 마나다. 그들이 "안전 수칙에 따라주세요!"라고 외친들 누구 하나 거들떠보기나 할까 이 말이다.

어느 베테랑 소방관은 안전 불감증에도 여러 단계가 있는데, 우리 사회의 경우 "위험한 상황이지만 위험하다고 느끼지 못하는 초기 단계"가 아니라, "아무리 위험하다고 말해도 위험성을 깨닫지 못하는 말기 단계"에 가깝다고 진단한다. 그러면서 "100번 아무 일이 없다가도 101번째 갑자기 일어나는 것이 안전사고라는 점을 잊어서는 안 된다"고 강조한다. 수많은 재해 현장을 지켜본 소방관의 일침인 만큼 가볍게 흘려들어서는 안 될 것이다.

우리나라 사람들은 정이 많아 다른 사람들의 불행에 대해 공감하는 능력은 뛰어나지만, 다음번에는 그 불행이 나에게 닥칠 수도 있다는 사실을 인지하는 능력은 부족한 것 같다. 이번 사고 관련 보도를 지켜보면서 우리 주변에서 일어나는 사건 사고가 언젠가는 나에게도 일어날 수 있음을 제대로 인식하는 계기가 되었으면 좋겠다.

일상에서 일어나는 모든 일은 어느 하나 공업共業 아닌 것이 없다. 외견상 우리와 전혀 무관해 보이는 자연재해도 어쩌면 오랜 기간 숙성된 공업의 과보인지도 모를 일이다.

이러한 전제를 받아들인다면 원인이 너무나 분명한 각종 안전사고는 우리의 부주의에서 비롯된 공업의 대표적인 사례에 해당할 것이다.

그렇다면 우리는 문제의 해결책을 거의 찾은 것이나 다름없다. 모든 시작은 '너'가 아니라 '나'였던 것이다. 성숙한 시민이라면 다른 누군가에게 책임을 묻기 전에 바로 내가 안전사고의 유발자이자 당사자에 해당할 수 있다는 사실을 회피해서는 안 될 것이다.

인간관계도 연필로 씁시다

　　오랜만에 지하철을 탈 일이 생겼다. 언제나 그
랬듯이 휴대폰을 꺼내 인터넷 기사를 검색했다. 언뜻 눈에
띄는 제목이 하나 있다. '의리'라는 단어 때문이었다. 공직을
맡지 않고 외유를 선택했다는 대통령 측근이라는 사람의 기
사다. 순간 '의리'라는 말 대신 퇴임한 대통령 곁에서 '말동
무'라도 되겠다고 했더라면 얼마나 좋았을까 싶었다. 왠지
의리란 말이 불편하게 들렸다.

　누가 자기를 배신했다고 울분을 토하는 사람이 있다면
당장 사회적 거리두기를 하라고 권유하고 싶다. 배신은 흔
히 의리와 짝을 이루어 사용되는 경향이 있다. 영국의 철학
자 G. E. 무어의 주장을 빌리자면 '의리'는 사실과 존재의 영
역에 속하고, '배신'은 가치와 당위의 영역에 속하는 개념이
다. 하지만 일상생활에서 의리와 배신은 곧잘 서로의 영역
을 침범하면서 인식의 혼란을 가져온다. 그는 이런 사고방

식을 가리켜 '자연주의적 오류'라고 명명하고 비판했다.

우리는 흔히 '의리 있는 사람은 결코 배신하지 않는다'라는 도덕 명제를 조금도 의심하지 않고 받아들인다. 과연 그럴까? 의리는 반드시 지켜야 하고 배신은 무슨 일이 있어도 해서는 안 되는 것일까? 의리와 배신은 정확하게 무슨 뜻일까? 자기가 생각하는 의리와 배신이 다른 사람들도 똑같이 생각하는 바로 그런 것일까?

사실 우리 사회의 도덕적 병폐인 혈연·학연·지연도 따지고 보면 그릇된 의리와 거기서 비롯된 배신의 정서가 만들어낸 일종의 허위의식이 아닐까 싶다. 그렇다고 최소한의 인지상정까지 무시하자는 말은 물론 아니다. 다만 우리가 《삼국지연의》를 읽고 있는 것도 아닌데, 의리와 배신이란 말을 즐겨 사용하는 게 어딘가 귀에 거슬린다는 지적을 하고 싶을 따름이다.

의리와 배신의 정서는 소박한 이기심을 억압하고 거창한 이타심을 강요한다. 그뿐만이 아니다. 가치를 획일화하고 전체주의적 사고를 함축한 악성 바이러스를 유포하기도 한다. 추운 겨울날 몸을 따뜻하게 보호하려면 두꺼운 옷 한두 가지보다 얇은 옷 여러 벌을 겹쳐 입는 것이 훨씬 더 효과적이라고 한다. 우리네 인간관계도 딱 그랬으면 좋겠다. 그리고 잘못되면 언제든지 지우개로 깨끗이 지울 수 있는 정도가 가장 바람직한 인간관계가 아닐까 싶다.

　가수 전영록이 부른 〈사랑은 연필로 쓰세요〉라는 노래가 떠오른다. "사랑을 쓰려거든 연필로 쓰세요. … 처음부터 너무 진한 잉크로 사랑을 쓴다면 지우기가 너무너무 어렵잖아요." 그렇다. 인간관계도 마찬가지다. 거창한 의리로 시작하면 허무한 배신으로 끝나기 일쑤다. 세상에 영원한 것은 없다. 변하지 않으면 적응하지 못하고, 적응하지 못하면 살아남지 못한다. 이런 자연현상을 가리켜 붓다는 '무상'이라고 설했고, 다윈은 '진화'라고 표현했다.

　지금 한국불교계는 무엇보다 감정의 다이어트가 필요할 때다. 몸과 마음에서 동시에 힘을 빼야 한다. 그래야 종교 공동체가 건강해진다. 와인도 시간이 지날수록 입 안에 은은한 향기가 번지는 게 좋은 와인이라고 하지 않던가. 언제나 의리를 지키는 사람도 없고, 이유 없이 아무 때나 배신하는 사람도 없다. 진화생물학에서는 사회적 인간관계를 '친족선택', '상호이익', '호혜주의'라는 개념으로 설명한다. 이러한 선택과 적응의 밑바탕에는 개체가 아니라 이기적 유전자의 집단행동이 있다. 우리는 기껏해야 이기적 유전자의 운반수단에 불과하다고 한다. 인간관계가 답답할 때는 가끔 과학 지식이 도움이 될 수도 있다는 어깃장을 놓아본다.

　이제 더 이상 '의리義理'라고 쓰고 '이권利權'이라고 읽히는 일이 반복되지 않았으면 좋겠다. 나 역시 누군가를 향해 의리 없다고 비난하거나 배신했다고 절망하지 않을 것을 서원한다. 사랑만 연필로 쓸 일이 아니다. 인간관계도 연필로 쓰는 연습이 필요하다. 연필로 천천히 그리고 조금씩 덧칠하면서 차츰 진하게 써 내려가보자는 것이다. 그런 관계는 금방 타오르지도 않지만, 어느 날 갑자기 식지도 않을 것이다.

의리와 배신을 함부로 말하는 세태가 못마땅하다고 흥분한 나머지 말이 조금 지나쳤을지도 모르겠다. 자비로운 마음으로 통 크게 이해해주셨으면.

특권 내려놓기

        사회적 지위가 높거나 권한이 많아지면 이른바 '특권'으로 불리는 영역을 향유하게 되는 것 같다. 그 가운데서도 국회의원이 누리는 면책특권과 불체포특권은 그야말로 특권 중의 특권으로 불리기에 조금도 부족함이 없어 보인다. 각종 수당을 제외한 연봉이 1억 4천만 원에 육박하는 것 외에도 국회의원이 누리는 특권이 200여 가지가 더 있다는 소문이 있을 정도이니 달리 무슨 말을 더 하랴.

    국회의원은 임명직인 국무총리나 장관들보다 훨씬 더 많은 혜택을 누리고 있다고 한다. 이런 지적에 대해 국회의원들은 입법권을 가진 특수한 신분의 공직자로서 고유의 직무 수행에 필요한 합법적인 권리일 뿐이라고 손사래를 친다. 그러나 대부분의 유권자들은 국회의원이 하는 일에 비해 너무 많은 특권을 누리고 있다고 생각한다.

    이러한 곱지 않은 시선을 의식해서인지 정치인들은 여

론이 악화되거나 선거철만 되면 자신들의 특권을 내려놓겠다는 '공약空約'을 정기적으로 남발하곤 한다. 얼마 전 몇몇 정치인들이 '국회의원 특권방지법'을 추진하겠다고 발표했지만 별다른 호응을 얻지 못하고 있는 것은 바로 이 때문이다. 국민들은 그들의 말을 사실상 실현 가능성이 없는 정치적 구두선口頭禪에 불과한 것으로 평가절하한다.

이처럼 많은 사람들이 국회의원의 특권 내려놓기 약속을 부정적으로 바라보는 데에는 그만한 배경이 있다. 그동안 정치인들이 천명한 공약 가운데 아직까지 별다른 진척을 보지 못하고 있는 중요한 약속만 해도 열 가지가 넘기 때문이다. 예컨대 면책·불체포특권 내려놓기/세비 30% 삭감/기초선거 정당 공천 폐지/윤리위원회의 외부 인사 참여 확대/국민참여경선 법제화/국민에게 공천권 환원/공천 금품 수수 형사처벌 강화/부정부패 원인 제공자가 재·보선 비용 부담/선거구 획정위원회의 독립/국회예결특위 상설화 등이 바로 그것이다.

우리는 이 가운데 어떤 공약도 여야가 머리를 맞대고 진지하게 논의하고 있다는 말을 들어본 적이 없다. 이는 국민을 기억상실증 환자로밖에 보지 않는, 안하무인격인 태도가 아닐 수 없다. 그들은 스스로 양치기 소년이 되어가고 있음을 깨달아야 한다. 어릴 적 읽은 동화책에서도 양치기 소년의 최후는 결코 해피엔딩이 아니었다. 장난스럽게 내뱉은 조그만 거짓말의 과보도 그럴진대 유권자인 국민을 상대로 뻔뻔스러운 거짓말을 수없이 반복해온 그들의 업보는 실로 막중하지 않겠는가. 차마 그들에게 육도윤회六道輪廻의 모습을 떠올려보라고까지 말하고 싶진 않다. 다만 불교에서 말하는 인과응보의 법칙에는 누구도 예외가 없다는 사실만큼은 꼭 명심했으면 좋겠다.

그러나 차분하게 되돌아보면 국회의원이 특권 운운하는 것도 사실 우리가 함께 지은 공업共業의 과보인지도 모른다. 많은 이들이 국회의원을 욕하면서도 또 누군가는 바로 그 국회의원이 되기 위해 얼마나 많은 아귀다툼을 벌이는가. 여기에는 시민운동가, 교수, 기업가, 판검사, 의사, 약사, 종교인 등 예외가 없다. 심지어는 국내 최대 기업의 총수가 대통령 선거에 직접 나선 적도 있지 않은가.

자신의 분야에서 조금만 두각을 나타내면 너도나도 국회의원이나 대통령이 되겠다고 나선 결과가 결국 정치인들에게 흔히 말하는 '특권'을 허용하게 한 것은 아닐까? 그렇다면 해결책은 의외로 간단할지도 모르겠다. 우리 사회의 분위기가 더 이상 정치인을 동경하지 않으면 될 것이다. 그래도 기어이 나랏일을 하겠다고 나서는 사람들은 말 그대로 국민에게 봉사한다는 의미의 공복公僕이 되기를 굳게 맹세하면 될 일이다. 그럴 때 비로소 정치인은 모든 국민이 믿고 따르는 가운데 진정한 의미의 특권을 누리게 될 것이다.

그러나 아무리 생각해도 지금 논란이 되고 있는 국회의원들의 특권은 '이건 아니다'라는 거부감을 떨칠 수가 없다. 가짓수도 너무 많고 또 대부분 불필요한 과잉 의전들이라고밖에 생각되지 않는다. 당장이라도 내려놓아야 할 것들이 수두룩하다. 그런 것이 부러워 너도나도 국회의원이 되겠다고 나서는 나라에는 희망이 없다. 우리 모두 깊이 성찰해볼 일이다.

성性의 오남용 시대

프라이버시의 문제이긴 하지만 개인적으로 친분이 있는 사람들 가운데 이른바 혼인의 성실성 의무를 대수롭지 않게 여기는 이들이 제법 있다. 그렇다고 하여 그들의 가정에 특별한 문제가 있는 것 같지도 않다. 부부관계도 좋고 자식들에 대한 사랑도 유별나다. 그런데도 다른 이성과의 은밀한 만남을 아주 구체적으로 그리고 시도 때도 없이 떠벌려댄다. 병적인 자기과시처럼 보일 정도다.

언제부터인가 그들의 무용담을 귀담아 들어주지 않으면 더 이상의 인간관계가 지속되기 어렵겠다는 생각에 긴한숨이 나오곤 한다. 그들의 이야기를 듣는 동안 억지로 웃어야 하는 불편한 내 마음을 도대체 어떻게 다스려야 할지 모르겠다. 적절한 리액션과 분위기에 맞는 호응도 필수다.

곰곰이 생각해봤다. 혹시라도 나의 무능력을 자괴하고 있는 것은 아닌가 하고. 결론은 반드시 그렇지만은 않다는 것이었다. 나는 어쩌면 가벼운 사랑과 흔해 빠진 불륜과 아무렇지도 않은 성매매가 어지럽게 뒤섞여 있는 대한민국 사회가 그저 못마땅한 것인지도 모르겠다. 그렇다고 하여 칸트와 같은 도덕적 엄숙주의자가 될 생각은 추호도 없다. 실제로 그렇게 사는 사람도 거의 없고. 나는 다만 남자와 여자의 자연적 차이가 만들어내는 삶의 풍요로움과 아름다움을 너무 쉽게 소비해버리는 신자유주의적 성性의 소비를 달가워하지 않을 뿐이다.

학문적으로 나는 양적 쾌락주의를 주창한 제러미 벤담을 비판하고 더 나아가 질적 쾌락주의를 제안한 존 스튜어트 밀을 공부했다. 밀은 하리엣 테일러라는 재기 넘치는 기혼 여성을 처음 만난 순간부터 흠모했지만, 꼬박 20년을 그야말로 오누이처럼 지냈다. 처음엔 이런저런 소문이 났지만 두 사람은 떳떳했기 때문에 오히려 당당했다. 그녀의 멋진 남편은 젊은 부인과 수줍은 청년의 '사랑 혹은 우정'을 평생 존중하고 지켜주었다. 밀과 테일러는 자주 둘만의 여행도 즐겼다. 그러나 어느 누구도 두 사람의 관계를 불륜으로 보지 않았다. 이것은 역설적으로 그들이 얼마나 아름다운 불륜 커플인지를 확인해주는 것이기도 했다.

두 사람이 만든 사랑의 전설은 여기서 그치지 않는다. 나중에 테일러의 남편이 암으로 사망하고 두 사람은 알고 지낸 지 20여 년 만에 마침내 결혼하게 된다. 테일러와 전남편 사이에 난 딸은 의붓아버지인 밀을 진심으로 존경한 나머지 밀의 전집을 출간하여 세상에 소개했다. 이 정도 서사라면 불륜이란 말은 윤리와 도덕의 영역을 넘어서는 매력적인 단어가 되기에 조금도 손색이 없다.

처음엔 의심했다가 나중엔 부럽기까지 했다. 나도 그런 연애를 한번 해보고 싶다는 거창한 꿈을 가지게 되었으니 말이다. 하지만 이제 그런 사랑은 세상 어디서도 찾아보기 힘들다. 그럼에도 나는 '남녀의 사랑은 곧 섹스'라는 공식의 일상화를 감히 거부한다.

2015년 2월 26일 헌법재판소는 형법 제241조인 간통죄를 위헌이라고 판결했다. 오랫동안 논란의 대상이 되었던 간통죄가 마침내 사라지게 된 것이다. 말세라고 분통을 터뜨리는 사람도 있겠지만 남몰래 쾌재를 부른 사람도 있을 것이다. 당시 어느 유력 일간지는 그날 밤 강남의 성인클럽에서 간통죄 폐지를 자축하는 술잔을 부딪치고 있던 중년 남녀의 인터뷰 기사를 싣기도 했다. 불륜의 평범성과 도덕의 무기력을 상징적으로 보여주는, 조금은 씁쓸한 광경이었다.

나는 간통죄의 위헌판결을 두 손 들어 환영한다. 그러나 동시에 안방까지 깊숙이 쳐들어온 불륜 드라마는 경멸한다.

이제는 '섹스만' 하지 말고 '사랑도 하고 섹스도' 해야 한다. 사랑 없는 섹스는 공허하고, 섹스 없는 사랑은 위선에 지나지 않는다. 사랑과 섹스는 둘이 아니고 하나였으면 좋겠다. 이것이 우리가 사랑과 섹스를 함부로 또 너무 자주 할 수 없는 도덕적 이유가 될 것이다.

'갑甲질' 유감

　　한동안 이른바 '갑질' 관련 언론보도가 잇따라 터져 나온 적이 있다. 원래 '갑甲'과 '을乙'이라는 말은 계약서상 계약 당사자의 이름이 번거롭게 반복되는 불편함을 피하려고 만든 지극히 편의적인 개념으로, 서로 신뢰하고 존중하지 않으면 성립될 수 없는 쌍무적인 관계를 일컫는다.

　　하지만 시간이 흐르면서 갑과 을은 처음의 의도와는 다르게 점차 강자와 약자를 의미하게 되었고, 결과적으로 대기업과 중소기업, 본사와 대리점, 임대인과 임차인, 고용주와 피고용인, 상사와 부하, 교수와 학생 등의 불평등한 인간관계를 상징하는 자조 섞인 말로 변질되었다. 흔히 인터넷에서 갑의 횡포를 빗대어 '갑질한다'고 하거나 '갑 중의 갑'을 가리켜 '슈퍼갑'이라고 비꼬는 것은 이런 인식과도 밀접한 관련이 있다. 어느새 갑질은 대한민국의 부끄러운 자화상이 되고 말았다.

문제는 이러한 갑질이 특수 계층에서만 일어나는 게 아니라는 사실이다. 식당 종업원이나 백화점 직원을 함부로 대하는 일반 시민들도 적지 않고, 버스기사를 이유 없이 폭행하는 승객 갑질도 심심치 않게 일어나고 있다. 말하자면 갑질은 우리 일상생활 속에 깊숙이 스며들어 있는 윤리적 적폐에 다름 아닌 것이다.

　어감도 별로 좋지 않은 갑질이란 단어가 누구나 사용하는 보통명사가 된 것은 어느 모로 보나 바람직하지 않은 사회현상이다. 계약관계에서 우월한 위치에 있는 갑이 상대방인 을에게 온갖 횡포를 부리는 일을 빗대어 하는 말인 '갑질'이 만연하게 된 것은 그만큼 한국 사회가 정신적으로 건강하지 못하다는 증거다. 이는 사회적 인식의 천박함에서 비롯된 것일 뿐만 아니라 불평등한 사회구조가 계속 확대 재생산되는 과정에서 일종의 자학적 방어기제로 작동하고 있는 것이 아닐까라는 생각도 해본다.

　오스트리아의 정신의학자이자 심리학자인 알프레드 아들러에 의하면, "감히 나를 몰라봐?"로 비유되는 우월콤플렉스는 '이상적인 나(자기)'를 성취하지 못한 좌절감을 불필요한 자기과시로 보상받으려는 병든 심리 상태다. 우리는 주변에서 "내가 누군지 알아", "내 재산이 얼만데", "왕년에 내가 말이야", "아무개가 내 대학 동창이야"라고 스스럼없이 말하는 사람들을 자주 목격한다. 이렇게 자기를 특별하게 대해주기를 바라는 사람들은 자신이 기대한 만큼 인정받지 못한다는 생각이 들면 "어디 네까짓 게 함부로 나에게"를 외치며 격한 분노를 터뜨린다. 참으로 볼썽사나운 일이다.

재벌 2, 3세뿐만 아니라 평범한 사람들 사이에서도 어쭙잖은 갑질이 반복되고 있는 것은 이와 같은 우월콤플렉스가 광범위하게 퍼져 있다는 반증이기도 하다. 우월콤플렉스는 '이상적인 나'에 미치지 못한 '현재의 부족한 나'에 대한 열등콤플렉스의 반영이라는 생각이 든다. 알프레드 아들러도 우월콤플렉스와 열등콤플렉스는 동전의 양면처럼 늘 함께 붙어 다닌다고 말한 바 있다.

우리는 열등콤플렉스를 지금보다 더 높은 곳으로 채찍질하는 발전의 원동력으로 삼을 줄 알아야 함과 동시에, 나도 모르게 찾아오는 우월콤플렉스를 열등콤플렉스의 또 다른 측면에 불과할 뿐이라는 사실을 스스로 알아차릴 수 있어야 한다. 적어도 이 정도의 의식 수준은 되어야 교양인이자 상식인의 대접을 받을 자격이 있다고 생각한다. 우리가 이러한 인간적 자신감을 회복할 때 개인과 그 개인이 속한 사회의 도덕성도 함께 향상될 수 있지 않을까? 바로 이 지점에서 나 자신의 윤리적 수준도 한 단계 업그레이드될 수 있을 것이다.

이런저런 갑질을 하고 있는 사람들에게 꼭 해주고 싶은 말이 있다. 자기보다 지위가 낮은 사람들을 괴롭힘으로써 우월감을 과시하거나 자기의 특권을 확인받으려고 하는 사람들은 그저 잘못된 가치관과 미성숙한 사회화 과정에 대한 심리치료와 재교육의 대상일 뿐 결코 부러움의 대상이 될 수는 없다는 사실을 말이다. 다시 한 번 강조하자면, 사람 귀한 줄 모르거나 남을 배려하지 못하는 사람들은 21세기가 요구하는 글로벌 시민이 될 수 없다. 갑질은 도덕적인 결핍이자 질병에 불과할 뿐이라는 사실을 꼭 명심하자.

공약空約이 아닌 공약公約을 위해

지난 대선 정국이 막바지로 치달으면서 여야 후보들의 선심성 공약公約이 무더기로 쏟아져 나왔다. 하나 같이 장밋빛 일색들임은 두말할 필요도 없거니와 하루가 멀다고 경쟁적으로 발표되다 보니 사실상 누가 어떤 공약을 했는지도 헷갈릴 지경이었다. 그래서인지 그들 간의 정책적 차별성이나 이념적 지향점도 별반 달라 보이지 않았다. 대선 후보들의 공약대로라면 대한민국 국민들은 당장 내년부터 '경제민주화' 사회에서 '무상복지'의 혜택을 마음껏 누리는 가운데 말 그대로 '행복한 세상'에서 살 수 있을 것만 같았다. 어느 누가 이를 마다하겠는가.

하지만 앞으로도 그렇게 될 가능성은 그다지 높아 보이지 않는다. 무엇보다 그와 같은 공약을 실천하는 데 필요한 천문학적인 예산을 어떻게 조달할 것인지가 현재도 분명하지 않기 때문이다.

당시 한 매체의 보도에 따르면 여야 세 후보가 제시한 공약들을 현실화하기 위해서는 집권 5년 동안 최소 75조 원에서 최대 170조 원의 예산이 더 필요하다고 했다. 그러나 세금 인상과 같은 그나마 구체적인 재원 조달 방안으로는 연간 8조 5000억 원 정도를 마련할 수 있을 뿐이다. 그렇다면 새 정부의 임기 중에 적어도 30조 원에서 많게는 120조 원의 추가 예산이 더 필요하다는 계산이 나온다. 사정이 이러함에도 불구하고 이 문제에 관해 여야 후보들의 대답은 한결같이 궁색했다. 직접적인 언급을 피하거나 애매모호하게 얼버무리기 일쑤였다.

여기서 우리는 세 후보의 '공약公約'이 발음은 같지만 그 의미는 완전히 다른 '공약空約'이 될지도 모른다는 불길한 예감을 떨칠 수 없다. 늘 그래왔듯이 정치인의 관심은 오직 유권자인 국민들의 표심을 잡겠다는 데 쏠려 있을 뿐 차후의 실질적인 절차들은 그야말로 '나중에 두고 볼 일'쯤으로 치부하는 듯했다. 어떤 후보는 일단 내지르고 난 뒤 당선되고 나면 소위 인수위원회에서 상황의 변화와 현실적인 이유 등을 들어 적당하게 수정 또는 유보하면 될 것이라고 생각했을지도 모르겠다.

그러나 정치인들의 '공약'은 글자 그대로 국민들을 상대로 한 '공개적인 약속'이라는 점에서 처음부터 무거운 책임을 수반할 수밖에 없는 대단히 중요한 정치 행위다. 그런 차원에서 볼 때 최근 총선 후보들의 대표적인 선거공약 역시 구체적 실현 가능성과는 거리가 먼 선심성 공약으로 비치고 있다는 것은 심각한 일이 아닐 수 없다. 선거공약이 정기적으로 반복되는 듣기 좋은 빈말 정도로 치부되거나 양해된다면 그 사회는 결코 건강한 사회가 아니다. 그것은 곧 '공약公約'이 '공약空約'과 동일시되는 거짓 사회와 다를 바 없다.

오늘날 세계는 바야흐로 삶의 모든 영역에서 도덕적 사고와 윤리적 행위가 절실히 요구되는, 이른바 '윤리라운드'의 시대라고 해도 과언이 아니다. 그동안 이윤만 추구하던 사기업들도 경영 활동 전반에 걸쳐 '윤리'의 개념을 접목시킴으로써 이와 같은 시대적 분위기를 반영하고 있다. 그렇게 하지 않으면 이른바 '공정무역'과 '윤리적 소비'를 부르짖는 소비자들의 세련된 지출 욕구를 더 이상 충족시킬 수 없기 때문이다. 이런 마당에 향후 4년간 우리나라를 이끌 국민의 대표를 뽑는 국회의원 선거에서 '공약公約'이 '공약空約'으로 변질될 조짐이 보이는데도 도덕적 경각심을 갖지 않는다면 이것이 유권자의 직무유기가 아니고 무엇이겠는가.

알다시피 불교 윤리에서는 몸과 입과 마음으로 짓는 업業의 과보를 항상 경계하라고 가르친다. 그중에서도 정치인들의 공약 남발은 최소한 남을 현혹시키는 행위인 '기어綺

語' 내지는 거짓말을 가리키는 '망어妄語'의 '구업口業'에 해당하리라. 그런데 다행인지 불행인지 여야 국회의원 후보자 가운데 '불자佛子'임을 공개적으로 천명한 사람은 별로 눈에 띄지 않는다. 그래도 왠지 그들이 받을 과보가 걱정되는 것은 한 순진한 불자의 철없는 자비심 때문일까?

공직자의 거짓말과 막말

일반 국민들이 사회지도층의 말에 귀를 기울이는 것은 그 사람의 출중한 능력 못지않게 도덕적인 자질도 훌륭할 것이라는 막연한 기대와 믿음이 있기 때문이다. 그런데 그와 같은 소박한 바람이 실망과 분노로 바뀌는 경우가 적지 않다.

최근 정치인들의 속 보이는 거짓말과 일부 판검사들의 거리낌 없는 막말이 두루 회자되었다. 국회는 정책 논의의 장이 아닌 싸움터가 되었고, 논란의 중심에 섰던 판검사들은 결과적으로 징계 또는 인사 불이익을 통보받기도 했다. 이런 상황을 지켜보면서 '경제 규모 세계 10위권인 대한민국이 고작 이 정도 의식 수준밖에 안 된단 말인가' 하는 자괴감이 들었다면, 이것도 일종의 도덕적 강박관념인 걸까.

개인적인 시각차는 있겠지만 금방 드러나게 될 거짓말을 천연덕스럽게 해대는 정치인들과 SNS에 인신공격성 글을 올리는 판검사들은 우리가 기대하는 바람직한 공직자의 모습은 아니다. 후자의 경우에는 표현의 자유를 거론하면서 판검사의 중립성에 악영향을 미칠 수 있다는 우려와 함께 정치적 탄압이라는 비판이 있는 것도 사실이나, 아직은 우리 사회의 정서상 그렇게 대놓고 거짓말이나 막말을 하는 공직자에 대해서는 거부감이 드는 것이 사실이다.

그렇다면 정치인의 거짓말은 파렴치한 짓이 분명하고, 판사들의 막말은 최소한 품위 있는 행동은 아니라는 지적에 대체로 공감할 수 있을 것으로 보인다. 그러나 우리가 일상생활에서 흔히 경험하고 있듯이 말을 '제때, 잘 가려서, 올바르게' 하기란 생각만큼 쉬운 일이 아니다. 왜냐하면 인간은 여러 가지 측면에서 불완전할 뿐만 아니라 모순적인 존재이기도 하기 때문이다.

여기서 우리는 부처님께서 깨우쳐주신 여덟 가지 바른 길, 즉 팔정도八正道 가운데서 바른 언어생활에 해당하는 '정어正語'의 가르침을 자연스레 떠올리게 된다. 글자 그대로 옮기면 '올바른 말' 정도로 해석될 수 있는 개념이지만 그것이 함축하고 있는 도덕적 뉘앙스는 자못 의미심장하다. 불교에서 말하는 '업業'에는 이른바 몸과 입과 마음으로 짓는 세 가지 종류의 업이 있는데, 실제로 일상생활에서 부지불식간에 짓고 있는 업의 대부분은 이른바 '구업口業'에 해당

될 것이다. 무엇보다도 말은 행동에 앞서 자기도 모르게 무심코 내뱉게 되는 경우가 많기 때문이리라.

누구나 불리한 상황에 처하게 되면 이를 모면하기 위해 일단 말을 둘러대기 쉽고, 일이 뜻대로 되지 않거나 상대방이 눈에 거슬리는 행동을 하면 불쑥 험한 말이 튀어나오게 마련이다. 열려 있는 입을 제대로 단속하기란 결코 쉬운 일이 아니다. 그래서 동서고금을 막론하고 입이 무거운 사람을 가리켜 생각이 깊고 신중한 사람으로 높이 평가하는 것인지도 모르겠다.

어쨌든 부처님은 여기서 한 걸음 더 나아가 친절하게도 우리와 같은 어리석은 중생들을 위해 입으로 지을 수 있는 네 가지 악행을 자세하게 일러주신 바 있다. 이른바 망어妄語, 악구惡口, 양설兩舌, 기어綺語의 가르침이 곧 그것이다. 이를 현대적인 용법으로 바꾸면 각각 거짓말과 욕설 또는 막말, 그리고 이간질하는 말과 의도적으로 꾸며서 하는 말이라고 할 수 있겠다.

그런데 문제는 정도의 차이만 있을 뿐 사람들은 거짓말도 하고 욕도 하며 때로는 본의 아니게 오해를 낳는 말도 하고 또 그럴듯하게 말을 포장하기도 한다는 사실이다. 그 자체를 두고 왈가왈부하면 우리의 삶이 너무 무미건조해질지도 모를 일이다. 다만 우리는 어떤 경우에도 그렇게 말을 하면 안 되는 책임 있는 자리에 있는 사람들의 입을 시비의 대상으로 삼고자 할 따름이다. 그런 점에서 국회의원들의 잡아떼기식 거짓말과 사안의 옳고 그름을 엄정하게 판단해야 할 판사들의 가벼운 입을 못내 못마땅해하는 것이다. 이를 계기로 붓다가 말씀하신 정어의 참뜻을 다시 한 번 더 되새기는 것이 참된 불자의 도리가 아닐까라는 생각이 불현듯 스쳐 지나간다.

일본의 천박한 역사의식

런던의 웨스트민스터 사원 맞은편 의회광장에는 인도의 민족 영웅 간디 동상이 세워져 있다. 잘 알려진 대로 간디는 영국의 식민지배 정책에 '비폭력 무저항 정신'으로 맞서 마침내 독립을 쟁취한 위대한 정치 지도자다. 그 과정에서 간디는 인류에게 소중한 평화의 메시지를 선물했다. 간디의 비폭력과 무저항 정신은 인도를 대영제국의 엄혹한 식민지배로부터 해방시켜준 원동력이었다.

그런 간디를 가리켜 영국 수상 처칠은 '벌거벗은 비렁뱅이'에 불과한 간디가 수행자인 척 행세하지만, 사실은 선동가에 지나지 않는다고 혹평했다. 여기에 한술 더 떠 처칠은 그런 간디가 차라리 '굶어 죽어버렸으면 좋겠다'는 저주를 서슴지 않았다.

하지만 이제 그들은 영원히 사이좋게 지내야 할 모양이다. 두 사람의 동상이 불과 몇십 미터를 사이에 두고 같은 광장에 들어섰기 때문이다. 이는 영국이 과거사를 반성한다는 상징과도 같은 커다란 사건이 아닐 수 없다.

독일도 제2차 세계대전과 유대인 학살의 역사적 과오에 대해 끊임없는 반성과 꾸준한 보상을 통해 자신들의 죗값을 묵묵히 치러왔다. 1970년 독일 총리 빌리 브란트는 폴란드 바르샤바의 유대인 게토 추모비 앞에서 비를 맞으며 무릎을 꿇은 채 진심으로 사과하는 모습을 보여주었다. 독일 국민들은 말이나 퍼포먼스로만 사과하지 않았다. 그들은 '기억, 책임, 그리고 미래 재단'을 세워 세계 100여 개 국가의 전쟁 피해자 166만 6천 명에게 5조 3660억 원을 배상했다. 사람들은 이 재단의 명칭에서 과거를 기억하고 책임질 뿐만 아니라 이를 미래에까지 계승함으로써 두 번 다시 같은 잘못을 저지르지 않겠다는, 확고한 의지를 엿볼 수 있었다.

그런데 독일과 함께 전범국가인 일본의 역사 인식은 이들과 달라도 너무 다른 것 같다. 행동은커녕 말로도 사과하지 않으려고 온갖 해괴한 논리와 억지를 다 부리고 있다. 참으로 볼썽사나운 작태가 아닐 수 없다. 일본의 이와 같은 태도에 전쟁 피해자인 주변국들의 분노가 끊이지 않는다. 그러거나 말거나 일본 정부는 자기 갈 길을 가겠다는 행보를 보여 장기적으로 세계평화가 위협받지나 않을까 우려스러울 따름이다.

지금 일본은 경제력을 앞세워 군사강국으로 발돋움하기
위해 안달이 나 있다. 이는 중국을 견제하고자 하는 미국의
국익과도 맞아떨어져 한층 더 탄력을 받고 있는 모양새다.
일본 총리의 속마음은 당장이라도 평화헌법을 수정하고 싶
을 것이다.

　　이런 상황에서 일본을 방문한 독일 메르켈 전 총리는
"독일은 과거와 제대로 마주했다"는 말과 함께 "일본 역시
과거를 직시해야 한다"고 일침을 가했다. 일본의 식민지 국
가로 오랫동안 고통을 겪은 우리로서는 메르켈 전 총리의
적절한 훈수가 속 시원할지도 모르겠다. 그러나 노련한 정
치가인 메르켈은 덧붙여서 "주변국은 인내하고 관용해야
한다"는 말도 잊지 않았다.

　　여기서 우리는 메르켈의 말을 곰곰이 되새겨볼 필요가
있다. 듣기에 따라 메르켈의 지적은 일본에게는 잘못의 인
정을, 그리고 한국과 중국 같은 주변국들에게는 과거에서
벗어나 미래로 함께 나아갈 것을 주문하는 듯한 말로도 해
석될 수 있기 때문이다. 물론 우리 사회의 반일 정서상 후자
에 방점을 찍는 것은 매우 위험하다는 것을 모르지 않는다.
그러나 국제사회의 질서는 냉엄한 힘의 논리에 의해 지배되
고 있는 것 또한 엄연한 사실이다. 우리가 일본을 향해 언제
까지나 도덕적인 반성만 촉구할 수 없는 이유다. 이런 때일

수록 우리는 일본을 국력으로 압도할 수 있는 다양한 방안을 모색하는 데 지혜를 모아야 한다. 일본의 사과를 받기 위해서라도 힘을 기를 필요가 있다는 말이다.

이불 속에서의 만세 부르기는 잠시 속이 후련할 뿐이다. 우리에게 힘이 있을 때 비로소 저들의 사과와 참회를 받아낼 수 있다는 사실을 명심했으면 좋겠다. 그래서 일본 총리가 야스쿠니 신사를 참배하는 대신 주한 일본대사관 앞에 세워진 소녀상의 빈 의자에 장미꽃을 들고 찾아가 헌화하는 모습을 볼 수 있었으면 한다. 도쿄 한복판에 우리의 영웅 안중근 의사의 동상이 세워지는 광경까지 기대하는 것은 아직 무리일 성싶지만.

3장

•

안타까움

우리는 작은 실천만으로도
얼마든지 품격 있는
존재가 될 수 있다.
그 믿음을 결코 포기하지 말자.

명절 연휴 후유증

명절 연휴 기간 동안 크고 작은 사건 사고가 잇따랐다. 제사와 재산 문제 등으로 가족 간에 극단적인 폭력 사태가 빚어져 뉴스를 접하는 사람들의 마음을 무겁게 짓누르는 사건도 있었다. 그동안 쌓여 있던 해묵은 갈등이 하필이면 모두가 즐거워야 할 명절에 폭발하는 사회현상은 우리나라만의 독특한 풍경일지도 모르겠다. 지금과 같은 추세라면 이런 일들은 갈수록 더욱 빈번해질 것이 분명하다. 언제부터 우리 사회가 나밖에 모르는 세상이 되었을까.

민족 최대 고유 명절인 추석은 한 해 동안 지은 농산물로 정성껏 음식을 장만하고 조상의 음덕을 기리는 차례를 지내면서 가족 간의 화목을 되새기는 뜻깊은 날이다. 알다시피 추석은 설날과 더불어 우리나라에서 가장 큰 명절이다. 그래서인지 이맘때쯤이면 고향집을 찾는 귀성 차량들로 전국 방방곡곡의 도로가 주차장이 되곤 한다. 그러나 동시에 명절을 전후하여 가정 폭력과 이혼 신청이 급증하고 있다는 소식은 명절의 사회적 의미를 의심케 하는 씁쓸한 단면이 아닐 수 없다.

이런 뉴스를 접할 때마다 '도대체 명절이 뭐길래', '제사가 뭐길래', '돈이 뭐길래'라는 안타까운 마음이 들곤 한다. 명절날에 대한 어릴 적 기억을 더듬어보면 제사 음식이나 재산 문제를 둘러싸고 서로 삿대질하며 다투던 집안 어른들의 모습이 선명하게 떠오른다. 어린 나이에도 어른들의 행동이 참으로 못마땅하다는 생각이 들었다. 그때마다 부엌에서 상심하고 한숨짓던 종부 어머니의 축 늘어진 뒷모습이 지금도 가슴 먹먹하다.

언론보도에 따르면 요즘 젊은이들에게 명절날의 고향 나들이는 또 다른 정신적 스트레스라고 한다. 모처럼 만난 친인척들은 인사가 끝나기 무섭게 취업이나 결혼 여부를 묻는 질문을 반복함으로써 그들의 가슴에 큰 구멍을 뚫기 일쑤다. 이는 도회지에서 학업을 마친 자식들이 점점 더 고향 집 찾기를 기피하는 이유가 되기도 한다.

정도의 차이는 있겠지만 대부분의 사람들이 이와 비슷한 종류의 불편한 기억들을 가지고 있다. 하지만 명절과 고향의 의미가 뭔가. 취직이나 결혼을 하지 못한 젊은이들에게도 고향은 언제나 지친 마음을 내려놓고 편안하게 쉴 수 있는 곳이어야 하지 않을까. 하지만 명절에 내려간 고향집에서 가족들로부터 성가시고 짜증 나는 말이나 들어야 하는, 감옥 아닌 감옥이 되고 만다면 젊은이들에게 고향과 명절 그리고 더 나아가 부모자식 간의 관계는 점점 더 멀어지고 말 것이다.

이제는 명절과 고향의 의미를 절대적인 관점으로만 볼 것이 아니라 상대적인 관점에서도 볼 줄 아는 여유를 가져야 할 시점이 아닌가 싶다. 순진한 발상일 수도 있겠지만 '명절에는 반드시 고향에 가야 한다'는 절대 명제로부터 우리가 상대적으로 자유로워질 수 있다면, 명절 때마다 들려오는 각종 사고와 친인척 사이의 폭력 사건도 많이 줄어들 수 있을 것으로 기대한다.

2020년 국회에서 발의된 이른바 '불효자 방지법'은 우리 사회의 가족관계가 얼마나 피폐해져 있는가를 상징적으로 보여주는 입법 사례다. 평생 동안 모은 재산을 자식들에게 물려준 부모가 자식으로부터 밥도 얻어먹지 못하고 학대까지 당하는 일을 사전에 방지하자는 취지에서 발의된 법이지만, 이를 지켜보는 국민들의 마음은 많이 착잡하리라.

하지만 부모자식 관계로 통칭되는 전통적인 가족관계는 이미 붕괴되고 있다는 것이 전문가들의 한결같은 지적이다. 이러한 현실을 부정할 수 없다면 우리에게 남은 과제는 명절 혹은 '효' 이데올로기에 대한 맹목적인 추종에서 벗어남과 동시에 오랫동안 이어져온 아름다운 명절의 전통적인 의미를 현대적으로 되새기는 삶의 지혜를 발휘해야 한다. 그럴 때 비로소 부모자식은 어느 한쪽이 다른 한쪽에게 일방적으로 희생하는 불평등한 관계가 아니라, 서로의 입장을 이해하고 배려하는 평등한 인간관계로 거듭날 수 있으리라 믿는다.

SNS 시대에 그럭저럭 살아남기

　　소셜네트워크서비스Social Network Service의 약자인 SNS가 일상생활에서 차지하는 비중이 날로 높아지고 있다. 실제로 SNS의 초超연결성은 이미 그것을 사용하고 있는 수많은 사람들을 보이지 않는 거미줄로 꽁꽁 묶어놓음으로써 일종의 '감옥'을 연상시킬 정도다. 클릭 네댓 번이면 익명의 사용자들과도 순식간에 동일한 정보를 공유할 수 있는 세상이라니. 신기하고 재미있기도 하지만 소름이 끼칠 만큼 무섭기도 하다. 그 독화살이 언제 나를 향해 날아들지 모르기 때문이다.

　　사정이야 어쨌든 너나 할 것 없이 SNS를 사용하지 않으면 시대에 뒤떨어진 것 같은 강박관념에 사로잡히게 된다. 하지만 호기심과 흥미로 시작했던 SNS 놀이가 시간이 지날수록 바쁜 현대인의 삶을 새롭게 구속하는, 보이지 않는 지배자로 군림하고 있다는 지적도 많다. 그뿐만이 아니다. 사이버 공간에서도 흔히 말하는 왕따와 언어폭력은 조금도 줄어들지 않고 있다. 또한 SNS는 왜곡된 여론의 발원지이자 유언비어의 생산지가 되기도 한다. 전국적으로 약 4천만 대나 보급된 스마트폰이 이러한 사회 분위기를 더욱 부추기고 있는 것인지도 모르겠다.

대부분 그렇겠지만 엉겁결에 스마트폰을 사용하게 된 5060세대로서는 하루가 다르게 변하는 SNS 문화에 적응하는 것이 여간 곤혹스러운 일이 아니다. 가령, 젊은 학생들에게 할 말이 있다고 직접 전화를 걸었다가는 십중팔구 씹히기 일쑤라는 것쯤은 알고 있어야 한다. 이는 자녀들과의 관계에서도 마찬가지다.

여기서 다소 상스러운 '씹힌다'는 말은 전화 받기를 거부당한다는 뜻이다. 젊은이들은 전화로 말하는 대신 문자나 카톡을 통해 상대방의 상황을 먼저 파악한 다음 전화를 할 것인지 여부를 결정한다. 이런 분위기에서 눈치도 없이 다짜고짜 전화부터 한다는 것은 그야말로 센스 꽝이다. 같은 일이 반복되다 보면 말이 안 통하는 구세대 꼰대로 찍혀 기피의 대상이 될 수도 있다. 다시 말해 디지털 감성보다 아날로그 정서에 익숙한 기성세대들도 내키지는 않지만 SNS를 배워서 눈치껏 사용할 줄 알아야 하는 시대가 도래한 것이다.

한동안은 나도 트위터와 페이스북, 카카오톡, 카카오스토리, 밴드 등에 가입해서 제법 활발하게 활동했다. 그러다가 지금은 카카오톡 외에 거의 모든 SNS 계정을 사실상 탈퇴한 상태로 지내고 있다. 내가 SNS를 끊게 된 직접적인 계기는 시도 때도 없이 올라오는 적지 않은 양의 콘텐츠들 때문이다. 그중에서도 정말 달갑지 않은 정보는 인터넷 성 유머와 야한 그림들이다. 한 번도 관심 보인 적이 없는데도 상대방은 마치 칭찬받고 싶어 안달이 난 어린아이처럼 최신 버전의 자료를 하루에도 몇 번씩이나 보냈다. 어느 순간부터 그들이 평소에 알고 지내던 사람들과는 전혀 다른 인간으로 보이기까지 했다. '참 할 일도 없는' 사람들이었다.

그러다가 얼마 전에 정년퇴직한 지 10년도 넘은 70대 중반의 원로 교수가 보낸 제법 큰 용량의 음란 자료를 받아보고는, 흔히 하는 말로 '멘붕'에 빠지고 말았다. 지성과 사회적 지위를 갖춘 노신사의 돌발 행동을 도대체 어떻게 이해해야 좋을지 몰랐다. 물론 이것 하나만 보고 그 사람의 인격까지 의심할 수는 없는 노릇이다. SNS를 하다 보면 무슨 내용인지도 모르고 누군가로부터 받은 파일을 다른 접속자들에게 보낼 수도 있을 테니까 말이다. 그러나 이런 일은 그 후에도 반복되었다. 원로 교수는 음란 자료를 다른 사람들과 공유하는 행위를 즐기고 있는 것이 분명했다. 그리고 어쩌면 SNS 기능을 능숙하게 다룰 줄 아는 자신을 신세대라고 착각하고 있을지도 모를 일이다.

그런가 하면 도대체 어디서 찾아냈는지 삶의 귀감이 될 만한 감동적인 글귀나 교훈을 줄기차게 보내는 사람도 있었다. 나도 처음에는 '와, 이렇게 멋진 말을 한 사상가도 있었네' 하며 감탄사를 연발하는 답장을 보내곤 했다. 그런데 그는 한결같이 비슷한 내용의 글모음을 하루에도 대여섯 번씩이나 전송했다. 하루는 부드러운 말로 이런 영혼 없는 글은 사양한다고 주의를 줬으나, 상대방의 '훈장증후군' 증세는 날이 갈수록 심해졌다. 그는 자신도 모르는 사이에 나를 나이 어린 학생쯤으로 간주하고 위대한 사람들의 말을 빌려 가르치고 있었다. 듣기 좋은 노래도 어쩌다 한두 번이어야 감흥을 불러일으키지, 이건 아니다 싶었다. 이 두 에피소드가 나로 하여금 SNS를 중단하게 만든 이유 같지 않은 이유가 되었다. 너무 유별난가.

이외에도 SNS와 관련된 나의 불평불만은 얼마든지 더 열거할 수 있다. 그렇다면 어떻게 해야 하는가? 개인적으로는 전통적 의미의 인성人性이 디지털시대에도 변함없이 적용되어야 한다는, 도덕 명제에 동의하는 사람들이 많아지기를 희망한다. 그와 같은 도덕적 인식이야말로 SNS 과소비 시대의 부정적인 요소들을 극복할 수 있는 출발점이 될 수 있으리라 믿는다.

아무리 인터넷 세상이 되었다고 하더라도 첨단기술을 사용하는 행위의 주체는 컴퓨터가 아닌 실천적 지성의 인간이어야 한다. 이는 여전히 우리가 '사람 중심 세상'을 꿈꾸고 또 가꾸어나가야 할 존재론적 당위를 함부로 외면할 수 없는 이유이기도 하다.

인공지능AI의 시대, 윤리의 요청

　　　　구글의 인공지능 바둑프로그램 알파고Alpha Go
가 세계 최고의 바둑 고수 이세돌 9단을 4대 1로 꺾는 바람
에 전 세계적으로 엄청난 화제가 된 적이 있다. 실로 아무도
예상치 못한 놀라운 결과였다. 가장 복잡한 두뇌게임으로
알려진 바둑 경기에서 여러 대의 컴퓨터로 구성된 기계가
이처럼 인간을 쉽게 이기리라고는 아무도 상상하지 못했다.
하지만 결과는 인간 이세돌이 아닌 인공지능 알파고의 승리
였다.

　이 과정에서 알파고는 인간의 전유물이라고 굳게 믿었
던 직관이나 창의성과 유사한 인간적 능력을 과시했다. 알
파고가 이런 섬뜩한 모습을 보여줄 수 있었던 것은 딥러닝
deep learning이라고 불리는 학습 방법을 습득했기 때문이다.
방대한 데이터를 겹겹이 쌓아 두뇌의 신경망과 같은 기능을
발휘할 수 있도록 설계함으로써 기계가 스스로 학습 능력을

키운 결과라고 했다.

여기서 우리는 인간을 모방해서 만든 인공지능이 원조 인간을 능가하는 대단히 불편한 장면을 목격하고 말았다. 이 사건을 계기로 인공지능의 시대가 한층 더 가까워졌음을 피부로 느낀다. 왠지 으스스하고 두렵다는 생각을 떨칠 수 없다. 인공지능이 초지능Superintelligence으로 발전하고, 이를 응용한 휴머노이드 로봇이 인간 사회를 지배하는 불길한 세상을 얼마든지 상상할 수 있게 된 탓이다.

영국 옥스퍼드대학의 철학과 교수이자 저명한 미래과학자 닉 보스트롬Nick Bostrom은 인간의 능력을 넘어선 초지능이 100년 이내에 출현할 가능성이 높다고 예언했다. 그의 문제의식에 공감하는 스티븐 호킹과 일론 머스크, 빌 게이츠, 맥스 테그마크, 마틴 리스, 얀 타일린 등 세계적 오피니언 리더들은 인공지능의 개발 방향을 통제하지 않으면 인류는 커다란 재앙에 직면하게 될 것이라고 경고하는 공개서한을 발표하기도 했다. 이러한 움직임은 향후 인공지능의 급속한 발달이 인류에게 결코 유익한 것만은 아니라는 종적種的 위기감을 대변한 것이라고 볼 수 있겠다.

이들은 한목소리로 과학의 힘과 인류의 지혜가 공존 및 조화의 길을 걸을 수 있는 방법을 적극적으로 모색할 것을 제안하고 있다. 과학기술의 발달은 인간의 삶을 향상시키기 위한 것이지 파멸적 악마를 불러들이는 데 있지 않다고 보는 것이다. 여기서 우리는 집단 이성으로 규정되는 윤리와 도덕의 역할이 새롭게 요청되는 시대적 아이러니를 발견하게 된다.

따지고 보면 알파고가 이세돌 9단을 이긴 것은 본질적인 측면에서 기계의 승리가 아니라 알파고를 만든 인간의 승리일 뿐이라고 생각할 수 있다. 그렇다면 윤리학의 존재 이유는 이전과 조금도 달라질 이유가 없는 것이다. 따라서 우리는 인공지능을 탑재한 각종 기계들의 인간 지배를 걱정할 것이 아니라, 그와 같은 기계를 만드는 인간들이 스스로 자신의 도덕성을 성찰할 수 있어야 할 것이다. 인간이 인공지능과 같은 과학기술을 개발하는 이유는 무엇보다도 나를 포함한 모든 사람들의 행복을 증진시키기 위한 사회적 목적에 있기 때문이다.

혹시라도 생길지 모르는 인공지능의 돌연변이는 아직도 먼 공상과학의 이야기라고 하니 그 부분은 너무 예민하게 받아들이지 않았으면 좋겠다. 그보다도 인공지능의 일상화로 상징되는 미래과학의 시대에 우리가 유념해야 할 것은 인공지능 자체가 아니라 그것을 만드는 사람들의 비윤리적 자세와 태도임을 잊지 말았으면 한다.

사색하는 존재를 의미하는 '호모사피엔스'라는 명제를

우리가 거부하지 않는 이상 인간은 영원히 도덕적인 존재임을 결코 포기할 수 없을 것이다. 이는 곧 과학이 아무리 발달해도 인간은 인공지능이 될 수 없고, 인공지능은 인간이 될 수 없는 근본적인 이유이기도 하다. 인간은 자신이 인간임을 자각할 수 있지만, 인공지능은 자신이 인공지능임을 자각하지 못한다. 그런 점에서 인간의 유적類的 본질인 도덕성을 출발점으로 삼는 윤리학은 여전히 그리고 영원히 자신의 고유 가치를 상실하지 않을 것으로 보인다.

아, 나훈아 형!

나이 일흔 중반을 넘긴 가수 나훈아가 세상을 울컥하게 만들었다. 2020년 추석 연휴 첫날에 방영한 KBS2 〈2020 대한민국 어게인 나훈아〉라는 특별방송에서다. 특히 15년 만에 방송 출연한 그가 부른 〈테스형!〉이란 노래가 많은 이들의 입에 오르내리면서 큰 화제를 불러일으켰다. 노래를 하다 말고 중간중간 무심한 듯 혹은 작심한 듯 던진 멘트들은 여야 정치권의 아전인수를 낳는 진풍경을 연출하기도 했다.

가수 나훈아의 노래에는 독특한 유머 코드와 해학적 언어 습관이 작동한다. 긍정과 부정의 의미를 동시에 함축하고 있는 가사는 슬픈 듯 기쁜 듯, 슬프기도 하고 기쁘기도 한 듯, 슬프지도 않고 기쁘지도 않은 듯, 우리의 복잡한 심경을 숙모가 총각김치 담그듯 능청맞게 버무려낸다. 누가 감히 "그저 와준 오늘이/ 고맙기는 하여도/ 죽어도 오고 마는/ 또 내일이 두렵다"라는 말을 저렇게 기름진 목소리로 처절하게 내뱉을 수 있단 말인가. 우리 삶도 그렇다. 가끔 "턱 빠지게 웃지만 … 그 아픔을 웃음에 묻지" 않고는 당장 오늘 하루를 버텨내기가 힘들다. 무엇보다도 나훈아는 세상 사람들이 하고 싶은 말이 무엇인지를 정확하게 꿰뚫고 있다. 전율이 흐르고 소름이 돋는다.

못난 나만 그런가. 고향을 잊고 산 지 오래다. 멀다는 핑계로 일 년에 한두 번 갈까 말까 한 부모님의 선영은 언제나 마음의 빚이다. 그런 나에게 나훈아는 아버지 산소 주변의 "그저 피는 꽃들이/ 예쁘기는 하여도/ 자주 오지 못하는/ 날 꾸짖는 것만 같다"고, 나를 대신해서 스스로를 자책한다. 참았던 속울음이 터져 나올 수밖에. 사람의 마음을 훤히 들여다보고 있는 듯한 그는 이미 철인哲人이고 현자다. 아니, 그 자신이 소크라테스 형이다.

어려운 말을 하지도 않는다. 어디 플라톤이 전하는 소크라테스의 대화가 난해하던가. 아니다. 저 유명한 '너 자신을 알라'라는 명제도 따지고 보면 소크라테스가 한 말도 아니었다. 그러나 이 말의 울림은 2,400년이 지난 지금도 여전히 유효하지 않은가. 나훈아의 노랫말에도 그런 이율배반적이고 역설적인 감동이 있음을 누구도 부인하지 못할 것이다.

나훈아가 테스형에게 "세상이 왜 이래, 왜 이렇게 힘들어"라고 묻지만 "먼저 가본 저세상"에 있는 소크라테스가 웃는 얼굴로 대답을 해줄 리 만무하다. 그는 살아생전에도 누가 묻는 말에 한 번도 친절하게 답변해준 적이 없다. 그저 상대방을 질릴 때까지 몰아붙여 자신이 끝내 모른다는 사실을 자백하도록 만들었을 뿐이다. 세상 사람들은 얼마나 기분 나빴을까. 그런데 나훈아는 남의 이야기하듯 말한다. "내가 어찌 알겠소/ 모르겠소 테스형"이라고.

문득 우리는 나훈아가 처음부터 세상의 실상을 무상과 공으로 파악하고 있다는 인상을 받는다. 실제로 그는 〈공空〉이란 노래를 작사·작곡하고 직접 부르기도 했다. "살다 보면 알게 돼/ 일러주지 않아도/ 너나 나나 모두 다/ 어리석다는 것을 … 살다 보면 알게 돼/ 버린다는 의미를/ 내가 가진 것들이/ 모두 부질없다는 것을 … 살다 보면 알게 돼/ 비운다는 의미를/ 내가 가진 것들이/ 모두 꿈이었다는 것을/ 모두 꿈이었다는 것을"이라고 노래하는 가수가 과연 무상과 공의 의미를 모를까. "색즉시공 공즉시색"의 이치를 어쩌면 저렇게 가슴에 와닿도록 쉽게 풀어놓았을까 싶어 마치 용수보살의 법문을 듣는 듯하다.

위대한 철인 소크라테스도 모르는 것을 가수 나훈아는 확실히 알고 있을 것 같다는 이 느낌을 도대체 무슨 말로 표현해야 좋을까. 이 불세출의 예인은 악기를 반주 삼아 노래

부르고 춤추며 붓다를 공양하던 '건달바'의 화신이 틀림없을 것 같다는 생각이 든다.

  공과 무상의 도리를 저렇게 자유자재로 엮어서 노래하는 가수 나훈아. 오랫동안 우리 곁에서 음성보살로 남아 있기를 바라는 마음 간절하다.

한 해병의 용기

후쿠오카 오염수 방류 문제나 홍범도 장군의 흉상 철거를 둘러싼 이념 논쟁에는 차마 끼어들 생각을 하지 못했다. 전문적인 식견도 부족했고. 하지만 고故 채수근 해병 사건을 담당한 박정훈 해병대 수사단장을 느닷없이 보직 해임하더니, 듣기만 해도 오싹한 집단항명 수괴죄로 몰아세우는 것을 보고는 도저히 가만히 있을 수가 없었다.

언론에 보도되는 내용을 종합하면 사고 부대인 해병대 제1사단장을 혐의 대상자에서 빼라는 대통령실의 직간접적인 지시를 어긴 것에 대한 괘씸죄가 분명했다. 그동안 보여준 대통령의 성정性情으로 미루어볼 때 이런 합리적 의심에 고개를 끄덕이는 사람들이 적지 않을 것이다. 사람에게 충성하지 않는다고 해놓고 정작 본인은 자기에게 충성하는 사람만 막무가내로 챙기는, 저 이율배반을 도대체 어떻게 받아들여야 할지 모르겠다.

따지고 보면 박 전 수사단장은 10년 전 부당한 수사 외압에 저항하던 강골 검사 윤석열의 데칼코마니가 아니던가. 그는 자식 또래 후배 해병의 어이없는 죽음을 가슴 아파하면서 관련 법령에 따라 엄정하게 조사하고 지휘 계통의 결재를 거쳐 수사 서류를 경북 경찰청에 지체 없이 넘겼을 뿐이다. 그리고 이런 일련의 조치들은 모두 법에 규정되어 있는 군사경찰의 고유 업무이기도 했다. 그런데 국방부 장관은 박정훈 대령에게 항명죄와 명예훼손죄라는 터무니없는 죄를 뒤집어씌웠다. 유신 독재 시절도 아닌데 뭣들 하는 짓인지. 국방부나 대통령실의 관계자들이 국회에 나와 어제까지 함께 일했던 동료 군인을 나쁜 '놈'으로 모는 저열한 언행들은 또 어떻고.

이 와중에 해병대 예비역의 한 사람으로서 '비겁한 해병'과 '용기 있는 해병'을 동시에 지켜봐야 하는 심정도 착잡하기 그지없다. 해병대 제1사단장은 당장 자리에서 물러나야 마땅하고, 해병대 사령관은 숨김없이 진실을 밝혀야 한다. 해병대의 명예를 위해서라도.

엊그제는 사관 후보 동기생들이 국방부 군사법원에 출두하는 전투복 차림의 박정훈 전 수사단장을 불러세우고 〈팔각모 사나이〉를 '떼창'했다. 눈시울이 붉어진 박 대령은 절도 있는 거수경례로 고마움을 표시했다. 모처럼 해병대다운 모습을 본 것 같아서 순간 나도 울컥했다.

다시 하던 이야기로 되돌아가서. 이렇게 권력이 앞장서서 본연의 자기 업무에 충실했던 한 군인을 저렇게 막 대해도 되는가 싶다. 대통령 놀음에 잔뜩 취한 듯한 난폭 운전자 윤석열 대통령을 많은 국민은 걱정스러운 눈빛으로 바라보고 있지는 않을지.

아리스토텔레스는 '비겁'과 '만용' 사이에 엎드려 있는 '용기'의 중용을 말했다. 매사에 너무 모자라거나 너무 넘쳐도 안 된다는 뜻이다. 해병대 수사단장 박정훈은 그런 용기의 전범을 보여주었다. 정당한 법의 준수와 군인의 본분을 통해서. 구속영장이 기각되자 어떤 사람은 묵은 체증이 한 번에 싹 내려가는 것 같다고 표현했다. 전시가 아닌 평상시에 군인이 발휘할 수 있는 최고의 용기는 자기가 맡은 소임을 끝까지 책임지고 흔들림 없이 수행하는 것일 터다. 박정훈 대령이 바로 그렇게 했다.

어느 조직에서나 바른말을 하는 것은 웬만한 용기가 없으면 사실상 불가능하다. 선후배 간의 기수 문화가 독특하기로 악명 높은 해병대에서는 두말할 것도 없고. 박정훈 전 수사단장이 지금 겪고 있을 심신의 고통은 보나 마나 들으나 마나일 것이다. 사방에서 "네 말이 아무리 옳다고 해도 방법이 틀렸다" 등과 같은, 비겁하기 짝이 없는 양비론의 융

단폭격을 맞고 있을 게 뻔하다.

하지만 우리가 해줄 수 있는 것은 기껏해야 잘 견뎌내야 한다는 위로의 말을 건네는 것뿐이다. 그래도 '해병의 긍지' 문구를 떠올리면서 꿋꿋하게 버텨줬으면 좋겠다. 무엇보다도 꼭 무죄를 받고 원대 복귀해서 꽃다운 나이에 어이없이 목숨을 잃은 채수근 해병의 억울함을 풀어줄 것도 믿는다.

박정훈 대령의 어머니께서 신심 깊은 불자라는 말을 들었다. 불보살의 가피가 당신의 아들을 끝까지 지켜줄 것이다. 박정훈 전 해병대 수사단장, 힘내시기를! 당신의 이유 있는 항명이 역설적이게도 잃어버린 공정과 상식을 되찾는 계기가 되고 있다. 그대와 같은 용기 있는 군인이 있어서 대한민국은 여전히 살 만한 나라다.

아이를 사고파는 세상

      후진국에서나 있을 법한 영아 유기와 신생아 매매가 우리나라에서도 버젓이 일어나고 있다니, 참으로 안타까운 일이다. 속내를 들여다보면 당사자의 부주의와 생명 경시 풍조만 탓할 수도 없는 노릇이라 가슴은 더 답답해진다. 그 배경에는 우리 사회의 물질만능주의와 도덕의식 부재가 단단히 한몫하고 있다는 말이다.

  백번 양보해서 아이가 간절한 불임 부부가 뜻하지 않은 임신과 출산을 하게 된 10대 미혼 부모를 경제적으로 보상하고 기꺼이 자기 아이로 받아들이겠다는 선의의 제안이라면 이야기는 달라질 수 있다. 그러나 지금 인터넷에서 아기를 사고파는 행위는 고귀한 생명을 그저 인터넷 상거래의 물건 정도로만 여기고 있어 충격을 금할 수 없다. 더욱이 생명의 가치를 무엇보다도 중시하는 불살생계를 수지하고 있는 불자의 입장에서 보면 이런 암울한 사회현상은 인간

본성에 대한 근본적인 성찰을 요구하고 있는 것일지도 모르겠다.

전통적으로 체면과 혈통을 중시하는 유교 문화의 영향이 여전한 한국 사회에서 정식 혼인 관계 이외의 출생은 처음부터 차별과 불행을 타고나는 것이나 마찬가지다. 원하지 않은 임신과 낙태, 유기 혹은 살해, 돈을 받고 사고파는 행위들은 대부분 임신한 여성이 혼자 감당해야 하는 불합리한 사회적 조건들과 밀접한 관계가 있다. 아직도 뿌리 깊게 남아 있는 전근대적인 성 윤리의식과 사회적 편견은 아무런 능력이 없는 젊은이들을 막다른 골목으로 내몰 뿐이다. 사회뿐만 아니라 가정도 그들을 이해하고 따뜻하게 보듬어줄 형편이 못 된다. 남들 시선을 의식해서 몰래 산부인과로 데려가거나 어쩔 수 없이 출산을 하더라도 비밀 입양을 권유받게 마련이다.

이런 와중에 아무런 죄도 없는 어린 생명들이 '버려지고, 죽임을 당하고, 거래되고' 있는 것이 작금의 현실이다. 똑같이 소중한 생명임에도 불구하고 비혼모非婚母의 아이는 당당한 여성 권리의 실현으로 치켜세우면서 미혼모未婚母의 아이는 애써 외면하는 사회 일각의 이중적 잣대도 당사자들에겐 커다란 상처가 될 듯하다. 혹여 미혼모와 그 아이를 어딘가 비뚤어지고 불쌍한 사람으로 바라보는 시선이 내 마음속에도 들어 있지는 않은지 자문자답을 해본다. 불교적으로 말하면 모든 것이 다 우리의 공업共業이 만들어낸 결과이거늘 누가 다른 누구를 탓할 수 있겠는가.

그래도 아쉬움은 남는다. 법과 제도가 좀 더 세심했더라면 이런 고통을 사전에 막을 수도 있지 않았을까 하는. 전문가들은 현재의 '출생 신고제'를 '출생 자동등록제'로 바꿔야 한다고 목소리를 높인다. 아이가 출생하고 난 뒤 한 달 안에만 신고하면 되는 현행 제도가 이 기간 동안 엄청난 심적 갈등을 겪게 될 미혼모에게 불법 입양을 조장할 수 있다는 것이다. 또한 국내외 입양의 경우 반드시 친부모가 출생신고를 해야 하고, 더 나아가 가정법원의 허가를 받도록 되어 있는 입양특례법이 오히려 영아의 밀거래와 유기를 부추긴다는 지적에도 귀를 기울여야 할 것이다. 미혼 부모들이 떳떳하게 태어나지 못한 아이의 출생신고를 하기가 말처럼 쉽지 않은 데다 아이의 아버지는 대부분 소식을 끊고 사라져버리기 때문에 미혼모 혼자 이 엄청난 일을 감당해야 한다. 바로 이때 아이를 둘러싼 반인륜적 범죄가 발생하게 될 가능성이 높다.

여기서 우리는 미혼 부모와 그들이 낳은 아이들을 인권의 차원에서 접근하고 적극적으로 보호하는 성숙된 시민윤리 의식을 공유할 필요가 있겠다. 20여 년 전 영국에서 잠시

사는 동안 많은 미혼 부모들이 전혀 위축되지 않고 일상적인 생활을 하는 것을 목격했다. 그들은 일을 하면서 동시에 정부로부터 재정적 지원을 받고 있었는데, 부모나 다른 이웃 사람들과도 별다른 문제가 없는 것처럼 보였다. 방종하고 철없는 커플이 아니라 남들보다 조금 일찍 사랑하고 어쩌다 아이를 낳게 된 보통의 젊은이로 바라보는 시각이 일반적이었다.

이제는 우리도 10~20대 청춘의 성性을 자연스러운 현상으로 받아들여야 하지 않을까. 오히려 직업과 육아를 병행할 수 있는 사회보장제도를 확립하는 것이 더 시급한 과제라는 생각이 든다. 그럴 때 비로소 아기를 사고파는 개념 없는 사회라는 자괴감으로부터 우리 스스로 자유로워질 수 있을 것이다.

존엄하게 죽을 권리

        2008년 서울서부지방법원 민사12부가 국내 최초로 환자의 죽을 권리, 이른바 존엄사를 인정하는 판결을 해서 세간의 화제가 된 적이 있다. 당사자는 그해 2월 폐조직검사를 받던 중 폐혈관이 터지면서 곧바로 뇌사 상태에 빠져 인공호흡기로 연명해오던, 일흔여섯 살 된 할머니로 알려졌다.

    가족들은 평소 이 할머니의 언행이나 구체적 행동 사례들로 미루어볼 때, 만약 의사 표현이 가능했다면 인위적인 의료 장치를 부착하면서까지 생명을 유지하려고 하지는 않을 것이라며 법원에 '연명치료 중단 가처분 신청'을 냈고, 이에 법원이 몇 가지 단서 조항을 달긴 했지만 환자가 '품위 있게 죽을 권리'를 법으로 보장한 것이다. 이 사건은 항소심에서도 같은 판결을 받으면서, 존엄사를 둘러싼 찬반 논쟁과 그에 따른 사회적 합의 여부를 더욱 재촉하는 시발점이 되었다.

존엄사란 말은 소극적 안락사의 또 다른 표현이다. 안락사는 크게 환자의 동의 여부에 따라 자발적 안락사와 비자발적 안락사, 반자발적 안락사로 구분되며, 의료진의 시술 방식에 따라 독극물의 주입과 같은 적극적인 안락사와 무의미한 연명치료의 중단과 같은 소극적인 안락사가 있다.

위의 경우는 이 가운데 소생 가능성이 사실상 전무할 뿐만 아니라 환자가 고령이고 기대수명이 3~4개월밖에 되지 않는다는 점 등을 종합적으로 감안하여 법원이 제한적으로 허용한 소극적 안락사의 일종이었던 셈이다. 이는 의료진의 판단보다는 환자의 자기결정권을 더욱 포괄적으로 해석한 것이어서 여러 가지 측면에서 남다른 의미를 가진다고 볼 수 있겠다.

사실 얼마 전까지만 하더라도 안락사를 허용할 것인가, 말 것인가 하는 문제는 그것의 함축적 의미 때문에 종교계 및 관련 학계의 반발에 부딪혀 사실상 물 건너간 것처럼 보였다. 그러다가 해외 유명 인사들의 안락사를 계기로 다시금 일반 국민들의 관심사로 부각되었다.

현대 윤리학은 이와 같은 윤리적 갈등의 해결에 많은 노력을 기울이고 있지만, 문제의 속성상 정답을 내놓기는 쉽지 않은 일이다. 왜냐하면 지역이나 민족, 그리고 그들의 역사와 종교 및 문화 등에 따라 삶과 죽음의 의미에 대한 가치관이 그야말로 각양각색이기 때문이다.

우리나라도 존엄사 허용의 긍정적 측면 못지않게 그 부작용에 대한 우려가 만만치 않다는 점을 감안해볼 때 이 문제에 관한 한 사회적 합의가 결코 쉽지 않을 것으로 예상된다. 예컨대 경제적 이유로 환자의 생명권에 대한 가족 등 제삼자의 자의적 판단과 개입이 다반사로 일어난다면 이는 여간 심각한 사회문제가 아닐 것이기 때문이다. 그렇게 되면 환자 본인의 존엄하게 죽을 인격권이 다른 이유로 인해 얼마든지 왜곡될 수 있다.

한편, 불교의 전통적인 입장에서 보자면 죽음 그 자체는 어떤 경우에도 직접적으로 의도되어서는 안 되는 것으로 여겨졌다. 그러나 예외적으로 출가자의 경우 자의적이고 소극적인 자살, 곧 요즘 하는 말로 존엄사를 허용하고 있는 듯한 언급도 없지 않아 현대적 의미의 적극적인 해석이 요구되고 있기도 하다.

개인적으로는 존엄사가 허용되거나 적어도 암암리에 묵인되는 것은 이제 거스를 수 없는 시대적 추세라고 생각한다. 관건은 그것을 수용하거나 지켜보는 주변 사람들의 불자다운 마음가짐이다. 말하자면 존엄사의 선택은 그야말로 마지막 수단으로 숙고해야 할 방안이자 이와 관련된 사람들

모두가 진정으로 환자의 입장에서 불교적 지혜를 발휘해야 한다고 보는 것이다.

여기서 우리는 존엄사의 요청을 현실적으로 수용하면서도 그것의 후유증을 최소화하는 방편으로 자비에 바탕을 둔 불교 호스피스운동을 더욱 확산시키는 일이 무엇보다 시급하다는 점을 상기할 필요가 있다. 얼마 남지 않은 생명의 끈을 붙잡고 있는 환자들에게 생의 마지막 몇 개월을, 생사를 초월한 불제자답게 살다 갈 수 있도록 보살펴준다면 존엄사의 공개적 허용이 안고 있는 본질적 위험성을 근본적으로 비껴갈 수 있는 접근 방법이 아닐까라는 생각을 해본다.

낙태죄 위헌판결

2019년 4월 11일 헌법재판소는 인공임신중절 (낙태)을 하는 여성과 의료진을 처벌하는 형법상 낙태 조항이 위헌이라는 결정을 내렸다. 기존의 낙태방지법이 2020년 12월 31일까지 유효하긴 하지만 낙태는 이제 더 이상 범죄행위가 아니라는 인식이 확산될 것으로 보인다.

그렇다면 일각의 우려처럼 낙태율이 급격하게 증가할까? 낙태죄를 폐지한 해외의 경우를 보더라도 꼭 그렇지는 않을 것이라고 본다. 마찬가지로 교복자율화가 청소년들의 비행을 유도했다거나 간통죄의 폐지가 불륜을 조장했다는 통계는 어디서도 찾아볼 수 없다. 그것은 개인의 도덕적 가치의 문제이지 법률적 금지의 문제는 아니기 때문이다. 그렇다고 계속 원론적인 입장에서 찬성과 반대만 할 수도 없는 노릇이다. 앞으로 우리는 아무런 방어수단이 없는 태아의 생명권과 사정상 낙태를 할 수밖에 없는 여성의 결정권을 현실적으로 조화시키기 위한 사회적 지혜를 적극적으로 모색해나가야 한다.

여기서 불교의 가르침은 우리에게 중요한 시사점을 제공해준다. 불살생계의 포괄적인 취지에서 보면 태아의 생명과 여성의 선택은 본질적으로 다르지 않다. 우리가 익히 알고 있는 것처럼 부처님은 모든 살아 있는 생명체의 가치를 동일하게 평가하고 서로 존중하기를 바란다. 그래서 뭇 생명이 꿈틀거리는 계절인 우기 동안에는 작은 생명 하나라도 죽이지 않기 위해 출가수행자들의 유행遊行을 금지시키지 않았던가.

하지만 현대사회의 복잡다단한 상황은 개인의 도덕적 판단을 날이 갈수록 어렵게 만들고 있다. 더구나 낙태를 반대하는 사람들과 찬성하는 사람들이 내세우는 논리와 이유 역시 팽팽하게 맞서고 있다. 그런 점에서 이번 헌법재판소의 결정은 자칫 여성의 권리 주장만 옹호할 수 있다는 오해의 여지가 있는 것도 사실이다. 따라서 향후 사회적 논의와 공감대 형성을 위해 계속 노력해나가야 할 것이다.

2021년 1월 1일 낙태죄 조항은 실효되겠지만 낙태 논쟁은 쉽게 끝나지 않을 것이다. 미국의 경우에도 여성이 임신 6개월까지 낙태를 선택할 수 있는 헌법상의 권리를 인정한 1973년 '로 대對 웨이드' 판결 이후에도 낙태 논쟁은 지금도 현재진행형이다. 이 논쟁은 보수와 진보의 가치를 함축적으로 보여주는 주요한 선거 쟁점이 되고 있을 정도다. 한국 사회에서도 '태아의 생명권을 앞세우는 입장pro-life'과 '여성의 선택권을 강조하는 입장pro-choice'은 앞으로도 한동안 합의점을 찾기 어려울 것으로 보인다.

이런 상황에서 불살생계를 수지한 우리 불자들은 이전보다 좀 더 지혜로워지기를 요구받고 있다. 다시 말해 낙태를 하지 않으면 안 될 환경 대신 지금보다 더 생명의 가치를 존중하는 사회적 분위기를 만들어나가는 것이 무엇보다 중요하다고 보는 것이다. 그렇다면 이를 위해 우리는 그리고 사회는 무엇을 해야 할까?

우리 불자들은 일차적으로 수정 순간부터 시작되는 태아의 생명 가치를 보호해야 할 도덕적 의무를 갖는다. 이는 기본적으로 낙태를 해서는 안 되는 근본 이유이기도 하다. 이와 더불어 성인지性認知 교육의 확대와 적극적인 홍보를 통해 원하지 않는 임신을 막을 수 있는 제도적 장치를 확실하게 마련할 필요도 있다. 또한 낙태가 여성 혼자만의 문제라는 사회적 인식의 개선도 뒤따라야 할 것이다. 각종 보험 혜택을 제공해야 함은 물론이다. 안타깝게도 원치 않는 임신을 했다면 14주 이전과 같은 법적 시한을 설정해서 낙태의 신체적 후유증과 정신적 고통을 최소화할 수 있도록 배려해야 할 것이다. 더 나아가 아이를 다른 가정에 입양하는 것을 양육의 포기가 아니라 특별한 보시의 실천이라는 관점에서 새롭게 접근하는 불교적 인식의 전환도 고려해볼 만하다고 생각한다.

　마지막으로 어쩔 수 없는 낙태로 심한 죄책감에 시달리고 있을 여성을 위해 따뜻한 위로를 보내는 동시에, 죽은 아이의 영혼을 달래고 새로운 환생을 발원하기 위한 불교의식의 개발과 실천도 적극 권장할 때가 아닌가 싶다.

핑크카펫은 비워두자

　　일주일에 두세 번은 연신내에서 동대입구역까지 지하철을 이용한다. 정확하게 20분 거리다. 짧은 시간이지만 다양한 사람들의 생각을 엿볼 수 있는 사색의 기회가 되기도 한다.

　언젠가부터 핑크카펫 자리가 눈에 들어왔다. 다른 좌석과는 확연하게 구분되는 핑크빛 색상이 인상적이었다. 핑크카펫은 임신한 여성과 뱃속 아이를 보호하기 위한 사회적 배려의 산물이다. 경로석이 과거의 수고에 대한 존중의 마음을 담고 있다면 핑크카펫은 아름다운 미래를 희망하는 기다림을 함축하고 있다. 그래서일까. 이 자리는 반드시 임산부만 앉았으면 좋겠다는 강박관념을 갖게 되었다. 나의 이런 조바심이 일종의 직업병일지도 모르겠다는 의구심마저 들면서 말이다.

　연신내역에서 뒤쪽 두 번째 칸에 타야 동대입구역 하차

와 출구 찾기가 편하다. 승차하자마자 바로 오른쪽이 핑크카펫 좌석인데, 가끔 화가 치미는 순간이 있다. "당신이 왜 거기에 앉아 있어!" 하고 악구惡口라도 내뱉고 싶어지는 장면들 때문이다. 젊은 사람이 앉아 있는 경우는 드물고 남녀 불문 중장년층 꼰대들이 자리의 주인 노릇을 하고 있기 일쑤다.

어떤 사람들은 임산부가 보이지 않는데 굳이 핑크카펫을 빈자리로 남겨둘 필요가 있느냐고 반문할지도 모르겠다. 실제로 임신한 여성을 찾아보기가 힘든 것도 사실이니까. 그렇지만 나는 핑크카펫은 언제나 임산부를 위한 전용 공간으로 남겨두어야 마땅하다고 생각한다. 사회적 약속은 애초의 취지가 그대로 반영될 때 비로소 본래적 의미를 회복할 수 있다. 임산부를 위해 특별히 준비된 핑크카펫은 오직 그러한 목적으로만 사용되어야 한다. 약속을 함부로 어기는 사회는 공동체의 발전 목표를 공유할 수 없다. 오늘 핑크카펫에 앉아 스마트폰을 만지작거리는 사람들은, 내일 자기 앞에 서 있는 임산부에게 사실상 자리를 양보할 마음이 없는 사람들이다. 유사한 광경은 전철 안에서 매일 반복되고 있는 일상사이기도 하다.

한번은 어떤 여성이 핑크카펫에 앉아 있는 중년 여성을 갑자기 일으켜 세우더니 그 자리에 고꾸라지듯 털썩 주저앉는 것을 보았다. 핏기 없는 얼굴에 가쁜 숨을 몰아쉬고 있었다. 임신한 여성이었다. 불편한 몸으로 서 있는 임산부가 있다는 것을 뻔히 알면서도 딴청을 피우고 있던 중년 여성은 톡톡히 망신을 당했다. 정황상 중년 여성은 그 자리가 핑크카펫이라는 사실을 충분히 알고 있었다. 젊은 여성의 당찬 모습에 내 속이 다 후련했다. 하지만 그 상황에서 내가 한 일은 아무것도 없었다. 그저 임신한 여성이 안쓰럽다고 생각했을 뿐이다. 처음부터 상황을 지켜보고 있던 내가 나서서 중년 여성에게 자리를 양보하게 중재했더라면 이런 해프닝은 일어나지 않았을 것이라는 자책감에 마음이 무거운 하루였다.

또 어떤 날은 정말 개념 없는 사람들을 만나 아침부터 기분이 엉망이 되기도 했다. 아이들을 동반한 가족이 지하철에 타더니 잽싸게 핑크카펫을 차지한 다음 자기 아이를 불러 그 자리에 앉히는 게 아닌가. 뭐 그럴 수도 있으려니 하고 외면해버리면 그만이겠지만 나는 못마땅한 표정을 쉽게 풀지 못했다.

이쯤 되면 오지랖도 보통 넓은 오지랖이 아니다. 잘못하면 큰 봉변을 당할 수도 있는 일이다. 그러나 비슷한 일이 생기면 또 그럴 수밖에 없을 것 같아서 사실 조금 걱정스럽기도 하다. 만에 하나 "당신이 뭔데 그런 아니꼬운 표정을 짓느냐"고 시비라도 걸면 솔직히 나는 뭐라고 대꾸할 수 있을까. 고스란히 당할 일만 남는다. 말 그대로 그날 하루는 일진이 사나운 날이 될 수밖에 없을 것 같다.

　다시 한 번 더 강조하고 싶다. 핑크카펫은 비어 있어도 제발 그대로 비워두자. 그 자리는 우리의 미래가 잠시 쉬어가는 곳이다. 우리에게 그만한 정신적 여유도 없다면 스스로 자신의 인간적 가치를 반문해볼 일이다. 우리는 이런 작은 실천만으로도 얼마든지 품격 있는 존재가 될 수 있다. 그 믿음을 결코 포기하지 말자.

덕담 문화 유감

누구에게나 나름의 편견과 선입견은 있게 마련이다. 그런데 그것이 자기가 하는 일과 관련이 있다면 일종의 직업병이라고 생각해도 무방할 것이리라.

나는 유독 다른 사람과의 만남에서 상대방의 언어 습관을 비판적으로 관찰하는 못된 버릇이 있다. 아무래도 지금까지 즐겨 읽은 책들이 대부분 인간의 행동에 대한 '옳고 그름' 혹은 '좋고 나쁨'의 가치 기준을 다루고 있다는 사실과 무관하지 않을 것이다. 그렇다고 아무 데서나 상식적인 수준 이상의 도덕 잣대를 들이대는 몰상식한 사람은 아니다. 윤리학은 모든 사람에게 불보살이 되기를 요구하는 것이 아니라, 가능하면 다른 사람에게 피해를 주지 않을 정도의 인간적 삶을 제안하고 있을 뿐이기 때문이다.

하지만 주변에서 그럴듯한 말의 형식을 빌려 아무렇지 않게 거짓말을 반복하는 사람들을 보면 화가 나서 견딜 수가 없다. 그때마다 상대방의 그런 태도를 비판했고, 당연한 결과지만 그들과 사이가 멀어지는 계기가 되었다. 아마도 사람들은 '그러는 너는 어떤데?'라는 못마땅한 심정이었을 것이다. 비판의 대상은 동료와 선후배를 구분하지 않았다. 이쯤 되면 나의 입바른 소리는 윤리적인 직업병이라는 소리를 들어도 할 말이 없다.

불망어계不妄語戒의 가르침에 따르면 입으로 짓는 악업의 종류는 크게 네 가지로 구분된다. 우선 남에게 악구惡口 같은 사나운 말을 해서는 안 된다. 육두문자를 오남용하면 곤란하다. 그것은 상대방의 마음을 아프게 할 뿐만 아니라 자기 가슴에도 깊은 회한을 남긴다. 마찬가지로 거짓말, 즉 망어妄語는 아예 처음부터 시도할 생각조차 하지 말아야 한다. 거짓말은 인간관계의 기본 전제가 되는 신뢰성을 무너뜨리기 때문이다.

또한 부처님은 사람들 사이에 오해와 이간질을 불러올 수 있는 말은 특별히 삼가라고 하셨다. 화합중을 깨뜨리는 불화의 원인을 경계하신 것이다. 양설兩舌의 금지가 나온 배경이다. 마지막으로 의도를 가지고 듣기 좋은 말로 상대방의 판단을 흐리게 만드는 꾸밈말이 있다. 별다른 생각 없이 습관처럼 기어綺語를 남발하는 불자들은 이제 제발 자신의 구업 짓기를 중단하시기 바란다. 그것은 말 그대로 그저 구태에 불과할 따름이다.

그런데 문제는 불교계에서 흔히 주고받는 덕담德談이라는 말이 사실은 위에서 열거한 네 가지 입으로 짓는 잘못을 아주 교묘하게 배합한 경우가 많다는 사실이다. 덕담으로 건네는 말이 도반이나 신자로 하여금 중요한 결정을 그르치게 한다면 그것은 덕담이 아니라 악구이고 망어이며 양설이고 기어에 지나지 않는다. 덕담은 본래 취지대로 연초에 한해 동안의 건승을 기원하는 인사말로서만 제한적으로 사용하는 것이 어떨까 싶다. 내가 보기에 우리 불교계의 언어문화는 솔직하지 못할 뿐만 아니라 어떤 점에서는 타락했다는 말을 들을 수 있을 만큼 그 질이 낮은 수준이다. 일상의 오가는 대화가 잔뜩 멋을 부린 무슨 선문답처럼 들려서는 곤란하다는 말이다.

독일의 윤리철학자 칸트는 "거짓말은 어떤 경우에도 정당화될 수 없다"고 말했다. 거짓말을 하고 싶을 때나 거짓말을 하는 것이 좋은 결과를 가져올 것이 확실할 때조차도 우리는 결코 거짓말을 해서는 안 된다고 다그쳤다. 어떠한 외부 조건에도 흔들리지 않는 이런 마음가짐을 가리켜 칸트는 선의지善意志라는 아름다운 이름을 선사했다. 덕담 문화의 만연이 역설적으로 칸트의 선의지를 불러들이고 있다는 것은 불망어계에 대한 모독이자 교학적 훼손이 아닐 수 없다.

우리의 언어 습관을 한 번쯤 진지하게 고민해볼 시점이 되었다는 점을 다시 한 번 환기시키고자 한다. 그나저나 이쯤 되면 내 직업병은 확실히 중증임이 틀림없다.

할 말은 하는 한 해가 되기를

2023년 계묘년癸卯年 토끼해가 저물고, 2024년 갑진년甲辰年 용띠해가 며칠 앞으로 다가왔다. 올 한 해 불교계에는 이런저런 말도 많았고, 크고 작은 사건들도 적지 않았다. 그 가운데에는 교계 내부의 문제와 관련된 것도 있고, 권력 또는 사회와의 관계에서 비롯된 사건들도 있다. 하지만 화합중생和合衆生의 부처님 가르침대로 모두 원만구족圓滿具足하게 잘 마무리되었으면 하는 바람을 가져본다.

이 시점에서 우리는 새삼스럽지만 '종교와 세상이 만나는 방식', 더 나아가 '종교가 해야 할 일은 과연 무엇일까'라는 물음을 던져본다. 보는 관점에 따라 다를 수 있겠지만 그동안 한국불교는 누가 뭐라고 해도 주관적이고 관념적인 것으로 비칠 수밖에 없는 '깨달음'이란 말을 너무 오랫동안, 그리고 지나치게 강조해왔다는 비판으로부터 결코 자유롭지 못할 것이란 생각이 든다. 이는 불교가 현대사회적 맥락에서 소통을 등한시해왔다는 비판이기도 할 것이다.

누군가는 본질적으로 수행과 깨달음의 종교인 불교에 대해 무슨 얼토당토않은 시비냐고 반문할지도 모르겠다. 하지만 오늘날 조계종을 비롯한 불교공동체의 사회적 인지도나 대사회적 영향력 등을 고려해본다면 이 말의 진정성을 이해할 수 있으리라고 믿는다. 말하자면 1,700년이 넘는 전통과 역사를 가진 불교의 시대적 위상이 실제로는 그다지 높지 않다는 사실을 '있는 그대로' 솔직하게 인정하고 대안을 모색할 때라는 지적을 하고 싶은 것이다.

알다시피 오늘날 종교 소비자들의 의식과 지적 수준은 이전과는 비교할 수 없을 정도로 높아졌다. 이제 사람들은 '수행을 통해 깨닫기만 하면 모든 문제가 해결된다'는 식의 가르침에는 별로 호응하지 않는다. 대신 종교의 힘으로 세속의 문제를 적극 해결함과 동시에 우리가 살고 있는 이 땅을 종교에서 말하는 이상세계와 좀 더 가까운 곳으로 만들려고 하는, 종교의 세속 지향적인 행동에 오히려 더 열광하고 감동한다. 그러나 우리나라 불교는 이 점에 있어서 이웃종교들과는 확연하게 다른 평가를 받을 수밖에 없을 것이라는 것이 나의 개인적인 생각이다.

우리 불자들이 믿고 따르는 부처님의 가르침은 한마디로 말해 위대한 언어에 비유될 수 있다. 누가 뭐라고 해도 그것은 엄청난 어휘력과 무한한 표현 잠재력을 가진 인류의 보물이다. 그러나 불교는 여전히 현대인들에게 정교하게 다듬어진 아름다운 반지나 목걸이로서가 아니라 가공되지 않은 원석의 형태로 이야기되고 있는 것 같아 안타까운 마음이 들 때가 많다. 현대사회가 요구하는 종교의 실천적 측면에서 볼 때 더욱더 그렇다.

그동안 불교는 교학(문법)의 체계로서만 논의되어왔을 뿐, 일상생활에서 꼭 필요한 언어구사력(회화)으로 활용된 적은 거의 없었다. 결과적으로 여타 종교들에 비해 불교가 상대적으로 더 고답적이고 어렵게 느껴진다는 인상을 준 것이 아닌가라는 자문자답을 해보게 된다. 그렇다면 미래지향적인 불교의 정립 방향은 연기緣起와 공空, 무아無我와 같은 전통적인 불교 문법으로부터 과감하게 벗어나 생명과 평화, 인권과 같은 보편적인 인류 가치를 앞세워 세상을 향해 좀 더 적극적으로 발언할 뿐만 아니라 또한 능동적으로 행동하는 모습을 보여주는 것, 이것이야말로 바람직한 포교 전략이 될 수 있지 않을까?

내년에는 달라진 남북관계를 비롯해 여러 가지 산적한 국사를 슬기롭게 처리해야 할 국민의 대표를 뽑는 국회의원 총선거가 있는 중요한 해이다. 이런 때일수록 우리 불자들은 지혜와 자비를 갖춘 인재를 발굴하기 위해 노력과 수고를 마다하지 않아야 할 것이다. 그렇지 않고 계속 대세에 편승하는 듯한 소극적인 모습을 보인다면 또다시 종교 편향적인 정책들을 감내해야 하는 등 후회막급할 일을 자초하게 될지도 모른다.

아무쪼록 갑진년 새해에는 우리 불자들이 불국정토라는 새로운 세상을 여는 단초를 마련할 의미심장한 한 해가 되기를 기대해본다.

아름다워지고 싶은 욕망

언제부터인가 대한민국은 말 그대로 성형공화국이 되어버렸다는 느낌을 지울 수가 없다. 2021년 통계 자료에 따르면, 우리나라는 인구 1000명당 13.5명이 미용 성형수술을 받아 세계 1위에 오르기도 했다. 사정이 이렇다 보니 성형수술의 부작용으로 인한 사건 사고도 끊이지 않는다. 크고 작은 각종 후유증은 말할 것도 없고 심지어 사망 사고도 심심치 않게 일어난다.

2022년에는 한 달 동안 세 차례에 걸쳐 지방흡입술을 받은 중국인 관광객이 수술 한 달여 뒤 결국 목숨을 잃는 안타까운 일이 벌어졌다. 이외에도 안면이 마비되어 정상적인 생활이 어렵게 됐거나 드물긴 하지만 시력을 상실하는 사례도 있었다. 이뿐만이 아니다. 성형수술과 관련된 손해배상청구소송의 증가는 불필요한 사회적 비용까지 지출하게 만들고 있다.

이런 소식을 접할 때마다 성형수술을 부추기는 우리 사회의 '참을 수 없는 가벼움'에 욕이라도 퍼붓고 싶은 심정이다. 수천만 원의 비용을 들여가면서 집 짓는 데나 사용해야할 공구들이 자기 얼굴 위에서 멋대로 춤추도록 하는 이유를 도무지 모르겠다. 얼굴에는 눈, 귀, 코, 입 등을 연결하는 미세한 혈관과 신경세포들이 거미줄처럼 얽혀 있다. 사정이이럴진대 얼굴을 마치 기계 부품처럼 분해했다가 다시 조립하는 양악수술이 얼마나 위험할지는 충분히 짐작하고도 남는다. 오죽하면 성형수술을 하겠다는 사람들에게 '수술 장면을 담은 동영상을 미리 보게 한 다음 최종 결정을 내리게하면 어떨까' 하는 생각까지 들었을까?

　아무튼 예쁘게 보이고 싶은 세속적 욕망을 끊임없이 확대재생산하면서 죽음도 개의치 않는 이기심을 조장하는 사회가 오늘날 대한민국의 또 다른 민낯이다. 그렇다고 사람들만 탓할 일은 아니다. 이 모든 일은 각자의 위치에서 우리 모두가 함께 지은 공업共業의 결과물에 지나지 않는다.

　이쯤에서 우리는 새삼스럽지만 《효경孝經》에 나오는 공자의 말씀을 되새겨보게 된다.

　　신체발부수지부모 불감훼상 효지시야

　　身體髮膚受之父母 不敢毀傷 孝之始也

글자의 뜻 그대로 모든 덕의 근본인 '효'는 부모로부터 물려받은 몸과 터럭과 살갗을 함부로 훼손하지 않으려는 마음가짐에서 시작된다는 가르침이다. 자신의 몸은 결코 자기 혼자만의 것일 수 없다. 가깝게는 부모와 그리고 멀게는 선대 조상과 뿌리를 공유하고 있는 하나의 생명 연속체다. 그런 만큼 마음 내키는 대로 처분할 수 있는 가벼운 물건이 결코 아니다. 소중하게 가꾸고 지켜야 할 일종의 공동재산인 것이다.

그런데 성형수술은 이런 공자의 도덕 명제와는 정면으로 배치되는 사회현상이다. 물론 공자가 성형수술이 요즘처럼 유행하리라는 것을 미리 알고 경책하고자 했던 것은 아니었겠지만 말이다. 그래도 성현의 말씀은 곱씹을수록 깊은 맛이 나는 법. 여기서도 예외가 아닌 것 같다.

생각해보면 우리는 남들보다 더 많은 재화와 더 높은 자리를 차지하기 위해 오로지 앞만 보고 달려온 것이 사실이다. 어쩌면 성형수술이 만연하게 된 현상도 그와 같은 삶의 연장선상에서 조금이라도 더 경쟁력을 확보하려는 눈물겨운 노력의 산물일지도 모른다. 소위 말하는 외모 지상주의나 성의 상품화가 어디 한 개인의 책임으로만 돌릴 수 있는 일이던가? 그러나 너무 지나치다는 데 문제의 심각성이 있다.

이제 더 이상 성형수술을 바라는 자식을 위해 부모가 빚을 내 병원에 데려가는 사회 분위기는 제발 지양되었으면 좋겠다. 그런 점에서 꼭 붓다의 말씀이 아니더라도 과도한 욕심은 언제나 재앙을 불러들일 수 있음을 잠시도 잊어서는 안 될 것이다.

싸가지가 맞고 꼰대가 틀렸다

'아재와 꼰대들이 의문의 1패를 당했다.'

2021년 당시 제1야당 대표로 36살의 이준석 씨가 선출되었을 때 잠깐 스쳐 지나갔던 생각이다. 기성세대가 타성에 젖어 우왕좌왕하는 사이에 2030세대 혹은 MZ세대들은 저만큼 훌쩍 커버렸다. 대견하고 자랑스럽다. 아낌없는 박수를 보낸다.

거침없는 직설과 이를 뒷받침하는 탄탄한 실력은 이준석과 그 또래 세대들의 치명적인 무기다. 못마땅하면 진다. 영리하게도 그들은 '공정'한 '공존'을 내세운다. 아무것이나 녹이는 용광로가 아니라 색깔 있는 고명들이 제각각 고유의 맛을 내는 비빔밥을 외친다. 무슨 말인지 금방 알아들을 수 있다. 얄미울 정도로 스마트하다. 그러면서도 90도 폴더 인사로 꼰대들의 쭈뼛거림을 머쓱하게 만들어버린다. 어리다고 무시할 수 없는 이유다. 만만치 않은 내공이 엿보인다. 무엇보다도 청년들은 미래의 수기보살受記菩薩들이다.

세상이 바뀌었다. 싸가지가 맞고 꼰대가 틀렸다. 꼰대들은 하부구조가 완전히 바뀐 디지털 환경에서 농경사회의 낡은 상부구조를 들먹이다가 시대의 변방으로 내몰릴 운명에 처했다. 장유유서도 중요하지만, 그 말을 내뱉는 순간 한심한 늙은이로 전락하고 만다. 그렇다고 젊음에 아부할 것까지는 없겠다. 격려를 해주는 것만으로도 충분하다. 기성세대가 젊은이들을 기꺼이 응원한다면 그들도 어디서나 어른들을 깍듯이 모실 것이다. 당돌한 자신감은 청춘의 훈장이다.

젊음은 그때도 그랬고 지금도 그렇다. 때로는 조마조마하고 가끔은 불안해도 부족한 부분은 어른들이 보듬어주면 된다. 굳이 혀를 찰 일은 아니라는 말이다. 찌질하게 보이는 것은 두 번 지는 것이나 마찬가지다. 디지털 기술과 스마트 파워가 사회를 움직인다. 달라진 시간을 여전히 이전의 사고로 지배하려는 것은 반문명의 연장에 불과하다. 인식의 전환이 시급한 이유다.

부모 세대는 자식들의 병풍 역할에 만족해야 한다. 그 대가로 우리는 당면한 도전을 겁 없이 헤쳐나가는 2030과 MZ세대의 뛰어난 재능을 시청하는 즐거움을 맛본다. 어른들의 울타리 안에서 마음껏 뛰어노는 아이들을 흐뭇하게 지켜보는 세상이 되었으면 좋겠다. 부모가 자식의 성공을 기대하고 지원하는 것은 쓸쓸한 퇴장이 아니라 행복한 여유다. 젊은이들을 물가에 내놓은 아이 보듯이 불안하게 바라볼 필요가 없다. 그들은 문제가 생길 때마다 굳이 부모를 찾지 않는다. 문법이 다르다. 곧바로 휴대폰으로 해결 방법을 검색한다. 스마트폰 하나만 있으면 뭐든지 할 수 있다. 부모들은 똑똑한 자식들로 키운 것을 삶의 보람으로 여기는 넉넉함을 보여주면 그만이다.

묵은 경험은 새로운 비전을 대신할 수 없다. 부모가 세상의 변화를 받아들일 때 아들딸들도 양육의 고마움을 알게 될 것이다. 세대 간 갈등은 자식의 성장을 부모가 인정하지 않는 데서 온다. 2030이나 MZ세대는 부모들처럼 눈치 보거나 주눅 들어 살지 않았다. 그래서 당당하고 건방지다. 에너지가 넘치니까 저절로 생기가 돈다. 보는 우리도 덩달아 힘이 난다. 뜬금없이 그게 다 누구 덕이냐고 훈계하려고 한다면 그들은 조용히 자리에서 일어날 것이다.

기성세대가 계속 가르치려고 해서는 곤란하다. 오히려 낯설어도 배울 준비를 할 때다. 이전과 달리 요즘 어른들의 말은 겨우 맞거나 아주 틀린 것이 대부분이다. 자신들이 성장하던 때와는 전혀 다른 사회경제적 조건이 세상을 규정하고 있다. 청년 정치인 이준석 현상은 뻣뻣하고 거들먹거리는 꼰대세대를 외면하는 2030과 MZ세대의 의식이 그대로 투영된 결과다. 그가 물꼬를 튼 이 유쾌한 반란은 비단 정치의 영역에만 머물지 않을 가능성이 크다. 모든 단위에서 세대교체의 욕구가 분수처럼 표출될 수도 있다.

종교계라고 예외일 수 없다. 누구에게나 변화는 두렵기 마련이다. 이런 때일수록 문명의 흐름을 정확하게 읽는 불자들의 혜안이 요청된다. 새삼 지혜와 자비의 가르침이 고맙다. 덧붙여서, 나는 선거 때마다 가치 투표를 해왔을 뿐 특정 정당의 지지자가 아님을 분명하게 밝혀두고 싶다.

고향 친구의 도장깨기

　　　　　복싱 체육관에서 '도장깨기'라는 말을 처음 들었다. 알아보니 일본에서는 제법 역사가 있는 뒷골목 용어인 모양이다. 뭐 그렇다 치고. 요즘에는 방송 용어로도 흔하게 사용되는 '핫hot한' 유행어가 된 듯하다.

　　재밌는 것은 도장깨기가 선객들이 서로의 공부 머리를 가늠해보던 이른바 '법거량'과 정확하게 취지가 같은 말이라는 점이다. 힘으로 누가 더 센지를 겨뤄보는 것이나 말로 누가 더 깨쳤는가를 시험하는 것은 근본적으로 다를 것이 없다. 뜬금없이 이런 말을 꺼낸 것은 얼마 전에 당한 사회적 도장깨기의 후유증 때문이다.

　　생김새마저 가물가물한 어느 고향 친구로부터 느닷없는 연락을 받은 적이 있다. 내 전화번호를 어떻게 알았을까 궁금할 정도로 전혀 뜻밖이었다. 드물게 한 번씩 소식은 들었으나 그저 그런가 보다 했다. 워낙 성실하고 공부도 잘했던 친구라서 남들보다 성공했을 것이라는, 막연한 짐작만 하고 있었다. 48년여 만에 나눈 대화는 일단 반가웠고 긴말은 따로 필요 없었다. 우린 그냥 고향 친구였으니까. 통화가 끝날 무렵 한번 찾아오겠다고 하길래 인사치레로 그냥 하는 소리인가 보다 하고 전화를 끊었다.

그런데 며칠 뒤 내가 있는 연구실 위치를 묻더니 얼마 지나지 않아 노크 소리가 났다. 문을 열자 어릴 적 모습이 조금은 남아 있는 반백의 중년 신사가 들어왔다. 우리는 두 손을 맞잡고 한참이나 흔들다가 자리에 앉았다. 이런저런 이야기가 두서없이 오고 간 것은 물으나 마나다.

친구는 아들과 딸 둘을 뒀고 강남에 산다고 했다. 나는 아들이 하나 있고 일산에서 출퇴근한다고 맞장구를 쳤다. 아들이 뭐 하냐고 묻길래 외국 회사에 다니는 평범한 직장인이라고 말해줬다. 그의 아들은 미국 유학을 준비하고 있다며 은근히 목소리에 힘이 들어가는 눈치였다. 너는 어떤 일을 하느냐고 슬쩍 떠보자 기다렸다는 듯이 전문 분야를 살려 전기설비업체를 창업했고, 시절 인연을 제대로 만나 꽤 많은 돈을 벌었다는 말을 중저음의 묵직한 톤으로 아주 세련되게 조용히 읊조렸다. 그러더니 다른 고향 친구들을 만난 후일담을 조곤조곤 들려주면서 계속 말을 이어나갔다.

누구누구는 어떻게 살고 또 다른 아무개는 지금 무엇을

하고 지낸다는 둥. 나보고 정년이 언제냐고 묻길래 1년 남았다고 했더니 퇴직 후엔 뭐 할 거냐고 물었다. 굳이, 기어코. 나는 즉답 대신 침묵을 선택했다. 잠시 어색한 분위기가 흘렀다. 친구는 전문 경영인에게 회사를 맡겼다는 말과 함께 여생은 주식 지분이나 관리하면서 속 편하게 살 계획이라고 했다. 돈 걱정은 전혀 하지 않는다는 말투로. 부러우면 진다고 했던가, 드러내놓고 부러워하지도 못했다. 그날 우리는 학교 근처에서 점심을 먹고 헤어졌다. 앞으로 자주 연락하고 지내자는 다짐의 말을 서로에게 건네면서.

이튿날 아침 나는 자네가 너무 자랑스럽다는, 내 딴엔 정성을 가득 담은 카톡 메시지를 남겼다. 하지만 반년이 지나도록 일언반구 답장 한마디가 없다.

그러던 어느 날 체육관에서 무심코 샌드백을 두드리다가 문득, 내가 말로만 듣던 그 도장깨기의 대상이었다는 사실을 깨달았다. 오랫동안 응답이 없는 이유도 저절로 풀렸다. 그는 나를 도장깨기 하러 왔던 것일 뿐 지금쯤 그 친구는 동향 출신 중에서 자기가 가장 잘나간다는 자부심에 어깨를 으쓱거리고 있을지도 모르겠다. 타깃이 된 도장을 찾아다니며 관장이나 제자들을 쓰러뜨리고 회심의 미소를 짓는 뒷골목 도장깨기 선배들이 그랬듯이. 그러거나 말거나 나는 고향 친구의 성공담에 기꺼이 '좋아요'를 아낌없이 눌렀다. 고향 친구의 성공은 곧 나의 기쁨이기도 했으므로.

부모 형제를 비롯한 수많은 그리운 사람들과 시공간을
공유하는 고향은 누구에게나 가슴 따뜻한 밤하늘과도 같
다. 그래서 더 그랬나 보다. 고향의 옛친구에게 영문도 모른
채 의문의 일 패를 당했다는 섭섭한 마음에 얼마간 우울했
었다. 꼭 그럴 필요가 있었을까 싶기도 했고. 그래도 친구야,
만나서 정말 반가웠다는 말은 꼭 전해주고 싶구나. 진심이
고말고.

욕먹을 자유

주고받는 것이 좋을까, 안 주고 안 받는 것이 좋을까. 받고 안 주는 것이 좋을까, 주고 안 받는 것이 좋을까. 경조사비 이야기다. 나는 주기만 했지 한 번도 받아본 적이 없다. 정확하게 말하면 알리지도 않았으니 그동안 받을 일도 없었다고 해야겠다.

한동안 뜸하던 사람이 갑자기 밥이나 먹자는 연락이 오면 아니나 다를까, 경조사 소식을 알린다. 기분은 별로지만 애써 외면할 만큼 강심장도 되지 못한다. 다들 엇비슷한 감정이겠지만 한국 정서상 드러내놓고 불만을 표시하기도 어렵다. 마음속으로는 투덜대면서도 마지못해 봉투를 건넨다. 아까운 마음으로 줬으니 어떻게든 받고 싶은 욕심도 생긴다. 사람들이 현직에 있을 때 자녀들의 결혼식을 서두르는 이유도 아마 이 때문이 아닐까 싶다.

어느 순간부터 그런 모습들이 눈에 거슬렸다. 꼭 해야 할 사람에게는 성의를 표시하되 청첩장이나 부고를 돌리지도 경조사 봉투를 받지도 않겠다는, '욕먹을' 서원을 세웠다. 여태껏 그렇게 지내왔으니 앞으로도 달라지는 일은 없을 것 같다.

문득 경조사는 친인척이나 평소 가깝게 지내던 사람들에게만 조용히 알렸으면 좋겠다는 생각을 해본다. 전체 메일을 통해 일방적으로 전파하는 경조사 공지는 말 그대로 결례이자 무례다. 더 불편한 상황은 경조사가 지난 뒤에도 메일 창에 수시로 뜨는 감사 편지다. 그런 인사야말로 경조사비를 받은 사람에게나 보내면 될 일이다. 늦게 알았더라도 모른 척하지 말라는 무언의 압박으로 느껴질 때가 많다. 당연히 유쾌하지 않은 일이다. 상대방은 내가 할 만한데 안 해서 괘씸하고, 나는 그와 그럴 정도의 사이는 아니라고 생각하니까 되레 서먹서먹해지게 된다. 안 주고 안 받으면 되는 것 아니냐고 말할지도 모르지만 좁은 직장에서의 인간관계는 의외로 복잡하다. 처음부터 전체 구성원을 대상으로 '보내지' 않았다면 굳이 일어나지 않아도 될 작은 불상사인 것이다.

그동안 적지 않은 금액을 경조사비로 지출했다. 그러면서 내가 얻은 결론은, 받은 사람은 별로 고마워하지 않고, 안 받은 사람은 굉장히 서운하게 여긴다는 것이다. 나는 한 번도 경조사로 연락한 적이 없는데도 자주 그런 느낌을 받는다. 이 대목에서 참지 못하고 기어이 소리치고 만다. 제발 '욕먹을 자유'를 좀 달라고 말이다. 남에게 피해를 주지 않는 한 누구나 자신만의 자유를 누릴 권리가 있다고 믿는다. 경조사비를 내든 말든 그것은 오롯이 나의 자유다. 이 말이 마음이 들지 않으면 존 스튜어트 밀의《자유론》이라도 한번 읽어볼 일이다.

스스로 욕먹을 자유를 맘껏 즐기고 있는 나는, '줬으니 받아야 한다'는 조바심이나 '받았으니 갚아야 한다'는 압박감을 느낄 필요가 없다. 대신 진심을 담은 축하와 심심한 조의를 전달하는 것만으로도 충분히 행복하다. 그만큼 나의 '쾌락의 총량'이 커졌기 때문이다. '해야만 하는 일'보다 '하고 싶은 일'을 할 때가 더 즐거운 법이다. 남을 해치지 않는 이기利己는 남에게 칭찬받는 이타利他 못지않게 소중한 가치다. 나에게 '이기'가 남에게 '이타'가 되기도 하는 역설의 쾌감은 상상 이상으로 짜릿하다. 그리스의 쾌락주의 철학자 에피쿠로스가 이런 수준 높은 쾌락을 향유했을까 싶을 정도다.

그런 점에서 이기적 이타주의는 이타적 이기주의보다 인간적이다. 나를 위해서 한 일이 남에게도 좋은 것은, 남을 위해서 한다고 했던 거창한 일이 결국 자기 잇속을 채우는 것이 되고 마는 경우보다 훨씬 낫다는 뜻이다. 진정한 이기주의는 철저한 이타주의이기도 하다는 사실을 아는 사람은 이미 '작지만 확실한' 행복을 누릴 자격을 충분히 갖추었다.

돌이켜보면 "욕먹을 자유를 달라, 그러면 나를 '욕할 자유'를 무제한으로 드리겠다"는 억지를 부리면서 산 것은 아닌가 싶기도 하다. 나는 '자유'였지만 그들이 '부자유'했다면 참회할 일이다.

겨울이 오면 조용히 치르는 나만의 종교의식이 있다. 푸르던 머리카락을 몽땅 떨군 출가자 나무들이 선승禪僧처럼 늘어서 있는 고즈넉한 사찰들을 순례하는 일이 그것이다. 세모歲暮의 아쉬움을 산사山寺의 푸근함으로 보상받는 따뜻한 연말연시가 되기를 꿈꾼다.

졸업식의 의미

        해마다 2월 중순이 되면 각 학교에서는 졸업식을 치른다. 표준국어사전에 따르면 졸업은 "학생이 규정에 따라 소정의 교과과정을 마침"으로 정의되어 있다. 말하자면 졸업은 정해진 학칙에 따라 교과과정을 이수하고 일정한 요건을 충족하면 누구나 거치게 되는, 자연스러운 성장 과정의 일부인 것이다.

    얼마 전까지만 해도 졸업식에 참석한 사람들은 학창 시절을 되돌아보며 소중한 기억을 떠올리고, 친구들과의 이별을 아쉬워하며 그동안 가르쳐준 스승에게 눈물을 글썽이기 일쑤였다. 졸업식은 그렇게 많이 '시원섭섭한' 날이었다. 졸업생들은 끼리끼리 모여 저마다 미래에 대한 장밋빛 희망을 마음껏 이야기했다. 졸업은 이처럼 '마침'이기도 하고 또 다른 '시작'이기도 하다. 졸업식의 영어식 표현으로 정식 명칭인 'Graduation Ceremony'보다 새로운 '시작'을 함축하는

'The Commencement'란 단어를 더 많이 사용하는 것도 이러한 졸업식의 사회적 의미와 무관치 않을 것이다.

그런데 요즘은 대학에 합격한 사람들과 취업에 성공한 소수의 사람들만 졸업식에 참석하는 것이 일반적인 현상이 되었다. 이런 말을 들을 때마다 '졸업'의 가치가 많이 퇴색되고 있는 것 같아 기성세대의 한 사람으로서 미안하고 또 안타까운 마음이 드는 동시에, 당당하지 못한 젊은이들이 못마땅한 것도 사실이다.

지금의 5060세대들에게는 졸업식에 가는 것 자체가 무한한 영광이자 특권이었다. 그만큼 배움의 기회를 갖는다는 것이 아무에게나 허용되기 힘들 정도로 가정 형편들이 어려웠기 때문이다. 지금도 늦게나마 검정고시를 통해 못 배운 한을 조금이라도 풀었다는 생각에 눈물을 펑펑 쏟는 어르신들이 적지 않은 것을 보면 졸업의 의미가 결코 가볍지 않음을 알 수 있다.

기왕에 말이 나왔으니 작금의 졸업식 풍경에 대해서도 한마디 덧붙이고 싶다. 어디 가도 비슷한 천편일률적인 축사와 고작 몇몇 졸업생에게만 주어지는 수상의 기쁨은 대다수 졸업생의 발걸음을 다른 데로 돌리도록 만들기에 충분하다. 하물며 올해는 유명 대학에 진학한 졸업생 숫자가 작년보다 적다거나 취업률이 예년에 비해 형편없이 떨어졌다는 것이 졸업식 축사의 내용이라면 더 이상 할 말이 없어진다. 흔히 '마지막 수업'이라고도 불리는 졸업식 축사의 수준이 이 정도라면 그 학교의 미래는 참으로 암담할 것 같다.

예나 지금이나 졸업식은 새로운 출발의 발걸음을 내딛는 젊은이들에게 그들의 앞날을 축복하고 진심으로 걱정해주는 말들을 주고받는 날이어야 한다. 애플 창업자인 스티브 잡스는 작고하기 몇 해 전 스탠퍼드대학 졸업생들에게 "늘 배고프게, 늘 우직하게Stay hungry, Stay foolish" 살 것을 주문했다. 이 한마디는 졸업생들에게 인생의 나침반이 되고도 남았을 것이다. 미국의 유명 코미디언인 코난 오브라이언은 2000년 하버드대학 졸업식에서 "좋은 만큼 나쁘기도 하다. 실패하고 어지럽고 가끔은 망가져라. 그리고 삶은 결코 끝나지 않았다는 것을 기억하라"라고 일갈했다.

자신들에게 닥칠 미래가 두렵기만 한 젊은이들에게 이런 조언은 세상의 그 어떤 말보다도 용기와 위안을 준다. 또한 제2차 세계대전 당시 영국의 정치 지도자였던 윈스턴 처칠은 영국의 명문 사학 중 하나인 해로스쿨Harrow School 졸업식에서 "절대로 포기하지 말라. 절대로 포기하지 말라. 절대로, 절대로, 절대로"라고 졸업생들을 격려했다.

이와 같은 졸업식 연설은 시대적 메시지와 함께 한 국가의 장래를 암시해줄 만큼 감동적이다. 그런데 왜 우리는 이와 같은 비전이나 여유조차 찾아볼 수 없는 삭막한 사회가 되고 말았는가. 압축 성장기를 거치는 동안 무한 경쟁을 할 수밖에 없었다는 기성세대의 자기 고백도 이제는 구차하고 식상한 변명으로 들린다. 세계 10위권 규모의 경제성장을 이룩한 대한민국의 젊은이들이 유명 대학에 진학하지 못했다고, 또 취업에 실패했다고 졸업식에도 참석하지 못할 만큼 풀 죽은 친구들은 아니었으면 좋겠다.

졸업생 여러분들은 일단 축하받을 자격이 충분함을 결코 잊지 않았으면 한다. 앞이 보이지 않을 것 같은 미래에 대한 걱정은 그다음 일이다. 축 늘어진 졸업생들의 어깨를 따뜻하게 감싸주는 우리 사회의 넉넉함과 여유로움을 보고 싶다. 그래야 대한민국의 미래도 밝을 테니까. 졸업식 하루만이라도 졸업생들에게 아낌없는 박수를 쳐주면 어떨까라는 생각을 해본다.

4장

·

그리움

머지않아 살구꽃은
살구 열매의 옷을 입고
우리 곁에 다시 환생할 것이다.
제행무상諸行無常.
가을의 열매는 봄날의 꽃을
기억이나 할까.

경주 겨울 바다

순전히 내 개인적인 취향이겠지만 나는 몸이 찌뿌둥하면 산이 당기고, 마음이 뒤숭숭하면 바다가 그립다. 그것도 겨울 바다가 사무치게 보고 싶을 때가 있다. 그런데 나만 유난히 그런 것도 아니었나 보다. 머리 희끗희끗한 중년 아재 셋이 밥 먹다가 급발진 의기투합해서 경주 바닷가의 문무대왕릉을 보러 간 걸 보면.

인적이 끊긴 겨울철 해거름의 감은사지는 말 그대로 적막강산이었다. 대나무 숲 사이로 가끔 서걱거리는 댓바람 소리만 들릴 뿐 사방은 정중동 깊은 침묵 속의 무문관 분위기. 겨우 살아남은 석탑 한 쌍도 언제 허물어질지 모를 위태로운 모습이었다. 적어도 내 눈에는. 화려했던 옛날은 가고 그날의 기억만 아프게 아름다운 것.

감은사지에서 대종천을 끼고 자동차로 5분 거리에 있는 이견대 언덕에 올랐다. 발밑으로 천년의 고독을 머리에 이고 서 있는 문무대왕암이 선명하게 보였다. 이곳 이견대에서 문무대왕 수중릉을 내려다보며 "나의 잊히지 못하는 바다"라고 읊조렸다는, 어느 미술사학자의 이름을 떠올려봤다. 행정구역상 월성군 감포읍 대본리 앞바다였던 이곳이 언젠가부터 경주시 문무대왕면 봉길리로 바뀐 모양이다.

아무리 그렇다더라도. 겨울 경주 바다는 왠지 낯설게 느껴졌다. 고운 햇살이 반짝이던 은빛 모래사장에는 고도비만 갈매기들이 눈알을 부라리며 동네 건달 흉내를 내고 있었다. 마치 날개의 사용 방법을 깡그리 잊어버리기라도 한 듯 도무지 날 생각을 하지 않았다. 영험한 기도처로 소문난 이곳에 모여든 무속인들이 제사상에 올렸던 음식과 방생 물고기를 아무 데나 내다 버린 과보가 아닐까 싶었다. 이런 환경에서 갈매기들은 굳이 목숨을 건 먹이 활동을 할 필요가 없을 것이다. 오리처럼 뒤뚱거리며 걷는 펑퍼짐한 몸매의 살찐 갈매기들은 정말 꼴불견이었다. 어쩌면 그들은 당뇨와 고혈압, 심근경색과 같은 만성 성인병에 시달리고 있을지도 모르겠다.

누군가 잘못하면 인간도 자연도 동시에 불행해진다는 직접적인 증거의 현장. 부근의 솔밭에는 엉성하게 지은 가건물 형태의 굿당들이 어지럽게 흩어져 있었다. 기어이 표정 관리 실패. 나도 모르게 얼굴을 찡그리고 말았다. 서울에서 열차와 자동차를 번갈아 타고 한나절을 달려서라도 반드시 보고야 말겠다던, 나의 숨겨둔 겨울 바다가 저렇게 볼품없이 병들어가고 있을 줄이야. 그러나 여기까지 와서 실망만 하고 갈 수는 없는 일. 시퍼런 고래처럼 살아 숨 쉬는 저 코발트색 바다를 마주 보며 그동안 묵혀왔던 온갖 곰삭은 말들을 한꺼번에 다 쏟아냈다. 순간 멍든 가슴의 통증이 씻은 듯이 사라지는 느낌이었다.

이때쯤이면 일렁이는 물결 따라 울긋불긋한 노을빛이 춤을 출 시간. 어둑해진 하늘에서는 오히려 굵은 빗방울이 떨어졌다. 우리 일행은 숙소가 있는 감포 읍내를 향해 허기진 발걸음을 재촉했다. 빗줄기가 점점 더 거세졌다. 겨울비치곤 많은 양의 비라는 생각이 들 정도로. 비 오는 겨울밤에 작은 고깃배가 드나드는 한적한 어촌의 허름한 식당에서 우리는 주거니 받거니 시간 가는 줄도 모르고 이야기꽃을 피웠다.

잠깐 눈을 붙이는 둥 마는 둥 미처 동도 트지 않은 이른 새벽. 나는 관성에 끌린 듯 추억 속의 옛 방파제를 다시 찾았다. 언제 다시 또 올 수 있을지 몰라서. 바닷바람이 양쪽 뺨을 어루만지듯 스치고 지나갔다. 순간 비릿했던 그날의 냄새가 묻어났다. 바람 소리가 전해준 익숙한 필체의 손편지였다. 아, 어쩌면 좋은가. 기억의 공간과 추억의 시간은 날이 갈수록 더욱 애틋한 그리움의 대상으로 늙어가고만 있으니. 나이 든다는 것의 의미가 이런 것이 아닐까 싶었다.

지나고 보니 사랑은 처음 만난 그날보다 더 좋은 날이 없고, 여행은 떠나기 하루 전날보다 더 설렌 날이 없었다. 그 좋음과 설렘을 어떻게 간직하고 사는가는 저마다의 몫일 터. 여행은 때로 여행자의 내면을 성장시킨다. 아직도 널 뛰듯 헤엄치는 동해의 고래를 닮았다고 웃어주던 두 친구에게 우정의 인사를 전한다. 추운 겨울은 따뜻한 봄날을 품고 있다는 자연의 법문 앞에서 나는 다시 두 손을 모았다.

꽃보다 나물

어딜 가도 일렬종대로 줄지어 피어 있는 가로
수 벚꽃은 별로 감흥이 없다. 고향 동네 앞산에 희뿌옇게 피
어나던 토종 산벚꽃이라면 또 몰라도. 아무 데서나 볼 수 있
는 개나리와 벚꽃보다는 눈여겨 살펴보아야 겨우 보이는 달
래와 냉이가 오히려 더 봄의 감성을 자극한다. 내 어릴 적 기
억 속의 '봄'은 된장과 참기름으로 쓱싹쓱싹 대충 버무려 차
려진 어머니표 '봄나물'의 향기와 정확하게 겹친다.

내친김에 추억하는 나물 이름들을 고향 사투리로 호명
해본다. 달래이(달래), 머구(머위), 두룹(두릅), 엉개(엄나물), 오
갈피(오가피), 돌내이(돌나물), 가중나무(가죽나물) 등등. 이름
만 들어도 벌써 입가에 침이 고인다. 나물 반찬을 좋아해서
더러 경동시장에 가서 자연산 제철 나물을 사 먹기도 한다.
나물 좋아하는 사람은 나물 만드는 사람을 힘들게 만드는
법. 먹는 것은 순간이지만 손질하는 수고는 길기 때문이다.

마치 잔치국수가 그렇듯이.

그건 뭐 그렇고. 요새 사람들이 즐겨 먹는 나물들은 대부분 밭에서 키우는 모양이다. 처음엔 그런 줄도 모르고 맛있게 먹었지만, 나물 고유의 쌉싸름한 풀향기가 없는 것을 알게 된 다음부터는 나도 모르게 자연산과 재배산을 차별하게 되었다. 나물조차 자연에서 자란 것을 먹을 수 없다면 인간의 처지가 좀 궁색하지 않은가.

가장 좋아하는 봄나물은 '응개' 혹은 '엉개'의 새순을 뜨거운 물에 살짝 데친 응개나물이다. 고향집 뒷마당에는 돌담 위로 나이 든 엄나무 한 그루가 처연하게 가지를 드리우고 있었다. 늙은 엄나무 몸통에는 사나운 가시가 박혀 있어서 함부로 올라가지 못했다. 무시로 오르락내리락하던 감나무와는 달리. 어머니는 지혜롭게도 대나무 장대에 낫을 묶어 갓 돋아난 응개 이파리를 능숙하게 채취했다. 한소끔 무쇠솥에 넣었다가 시원한 우물물로 헹군 다음 즉석에서 된장과 참기름 양념으로 고소하게 버무려주셨다.

어른이 되고 나서도 응개나물 맛은 변함없이 나를 눈물 짓게 만든다. 응개나물은 아직도 자연산인가 싶어서 더더욱. 여전히 '응'과 '엉'의 발음을 구분하지 못한다. 그러거나 말거나 '응개'든 '엉개'든, '음나물'이든 '엄나물'이든 맛만 있으면 그만이다.

응개나물은 두릅과 비슷한 맛이 난다고 해서 개두릅이라고도 부르는데, 나로선 몹시 못마땅한 작명作名이다. 청정무구한 산나물에 접두사 '개'를 붙이는 것도 그렇지만, 적어도 내 입맛에는 '두릅'과 '응개'가 족보를 완전히 달리하는 별개의 나물이기 때문이다. 두릅나물이 부드럽고 향긋하다면, 응개나물은 알싸한 감촉 속에 특유의 중층적 감칠맛이 보태지면서 순식간에 우리의 미뢰味蕾를 차렷 자세로 곧추세운다. 두어 번의 젓가락질이 오가고 나면 처음의 거북함은 온데간데없고, 씹을수록 입 안을 가득 채우는 오묘한 휘발성 향취에 할 말을 잃고 만다.

멀리 전라도 순천 장마당에 나온 자연산 응개나물 한 상자를 주문했다. 이 찬란한 봄에 꽃 구경보다 나물 타령을 하고 있다니. 그래도 꽃을 사랑할 나이가 아주 지나간 것은 아니었으면 좋겠다.

주말에 고향인 경주를 다녀왔다. 인근에 있는 어머니 산소를 개장해서 유골을 봉안당으로 안치하기 위해서였다. 가는 곳마다 갓 튀긴 팝콘과도 같은 벚꽃잎들이 하얀 눈송이처럼 흩날리고 있었다. 나들이 나온 젊은 부부와 예쁜 아이 둘은 정지 상태 그대로 한 폭의 그림이 되었다. 따뜻하고 여유로운 주말 풍경. 얼굴 찡그리는 사람은 어디에도 없었다. 하얀 벚꽃과 상아색 목련 사이로 샛노란 개나리가 '이 봄에는 나도 있다'고, 보란 듯이 고개를 쳐드는 모습이 보였다.

　아무튼 그날 경주시 문무대왕면 용동리 뒷산에 묻혀 있던 어머니의 육신을 곱게 화장해서 경주 하늘마루 봉안당에 모셔놓고 늦은 밤 기차를 탔다. 이제야 '안도한다는 마음'과, 그래도 '섭섭하다는 마음'이 동시에 양가감정으로 부풀어 올랐다.

　이맘때쯤이면 '복福' 자가 새겨진 사기그릇에 담겨 무덤덤한 표정으로 밥상에 오르던 응개나물 초무침과 햇된장 버무리가 생각난다. 어쩌면 그날 나는 그 옛날 어머니가 손수 해주시던 봄나물 반찬을 종일토록 맛나게 씹고 있었는지도 모르겠다.

'벤또'의 추억

가수 나훈아가 "죽어도 내일은 오고야 만다"고 노래하더니 올해 달력도 기어코 한 장밖에 남지 않았다. 12월은 늘 아쉽고 뭔가 허전하다. 아마도 '마지막'이라는 수식어가 붙기 때문일 것이다.

팬데믹 시기에 대중교통을 이용하다가 기사와 승객 사이에 벌어진 마스크 시비를 여러 번 목격한 뒤로는 아예 새벽 일찍 승용차를 몰고 나온다. 바이러스의 감염을 막는다는 핑계로 그동안 나 스스로 지켜온 작은 실천과 어긋나는 반생태적 행동을 거리낌 없이 반복하고 있는 것 같아 마음이 편치만은 않다.

사회적 거리두기의 여파로 식당 가기가 어려워지면서 집보살이 싸준 보온도시락을 꼭 챙긴다. 이유는 말하나 마나다. 먹는 것이 곧 사는 것이므로. 집에서 가져온 도시락과 샌드위치로 점심과 저녁을 해결한다. 혼밥족은 누구와 또

뭘 먹을지를 애써 고민할 필요가 없다. 소음처럼 들릴 수 있는 말을 습관처럼 주고받지 않아도 되는 것은 덤으로 얻는 선물이다. 이 순간만큼은 도시락을 준비하느라고 짜증이 날 만도 할 집보살의 수고로움에 대한 고마움은 까맣게 잊어버려도 좋다. 잡곡밥과 정성이 가득 담긴 대여섯 가지의 반찬을 맛있게 잘 먹는 것으로 충분하다.

오랜만에 학교에서 먹는 도시락 덕분에 까까머리 국민학교 시절로 추억 여행을 떠날 수 있었다. 제대로 씻지도 못한 꾀죄죄한 얼굴과 허름한 옷에 땟국물이 덕지덕지 묻은 동급생 친구들과 도시락을 '까먹던' 풍경이 불현듯 소환되었다. 무슨 수류탄도 아닌데 굳이 왜 '까'라는 접두사를 붙였을까. 슬며시 입가에 웃음이 번진다.

우리는 낡은 책상을 둥글게 갖다 붙이고 옹기종기 모여 앉아서 도시락은 먹는 둥 마는 둥 막무가내로 떠들어대기 바빴다. 변변한 반찬을 가져온 친구는 아무도 없었지만 모두 왁자지껄 즐겁기만 했다. 가끔 여자 선생님이 교탁 뒤에서 혼자 도시락을 드시던 모습도 생각난다. 도시락을 싸 오지 못한 친구를 불러 당신이 가져온 밥과 반찬을 나눠주시던 장면은 지금도 코끝이 찡하다. 마치 흐릿한 한 장의 흑백 사진 같은 먹먹함. 일본말인 줄도 모르고 도시락을 '벤또'라고 부르던 희미한 기억도 가뭇가뭇하게 떠오른다.

"니 벤또 싸왔나?"

"그라모, 니는?"

그 친구도 나도 우물쭈물 대답을 얼버무리고 말았었지, 아마.

일주일에 한두 번은 빈 도시락을 가져오게 해서 운동장 한쪽에 내건 가마솥에서 펄펄 끓인 강냉이 우유죽을 한 그릇씩 퍼주던, 전쟁영화 속 피난민 행렬 같던 광경도 잊을 수 없다. 거짓말 같겠지만 사실이다. 이 장면은 1960년대 시골 여느 국민학교의 오후 일상이었으니까. 한 반의 정원이 무려 65명 내외였다. 좁은 운동장은 넘쳐나는 아이들로 항상 붐볐다. 공 차는 남자아이들과 고무줄놀이하는 여자아이들은 서로 훼방놓지 말라고 앙앙불락하기 일쑤였다. 화가 덜 풀린 여자애들은 교실에 들어와서도 남자아이들을 노려보며 씩씩거리거나 책상 위에 엎드려 훌쩍거리곤 했다.

타임머신이 나를 다시 지금의 현실로 되돌려놓았다. 오후 다섯 시가 조금 지났을 뿐인데 해는 이미 흔적도 없이 자취를 감추었다. 긴긴 겨울밤의 진한 어둠이 시작되려나 보다. 낡은 밤은 밝은 낮을 준비하는 시간이다. 석기시대인들은 내일 낮의 사냥을 위해 밤에는 일찍 잠자리에 들었다고 했던가. 한 해가 다 지나갔다고 너무들 아쉬워하지 않았으면 좋겠다. 세모歲暮라는 말은 처음부터 새해를 함축하고 있는 것을.

코로나바이러스를 빙자하여 도시락을 싸달라고 하는 남자와 성가시고 귀찮아도 도시락은 싸줘야 한다고 믿는 여자. 우리 부부는 거꾸로 사이가 더 좋아졌다. 팬데믹의 역설이라고나 할까. 그것이 사랑이 아닌 '정'이면 어떻고, 살다 보니 어쩌다 생긴 '의리'면 또 어떤가. 모두들 따뜻한 연말연시가 되었으면 좋겠다.

살구꽃

　　　　　노란 개나리꽃 같은 봄 햇살이 수줍은 살구꽃처럼 흩어진다. 나른하기는 하지만 못 견딜 정도로 피곤하지는 않다. 따뜻한 봄날의 오후다. 어딜 가도 꽃이고 속속들이 봄이라는 말이 딱 들어맞는다. 봄을 노래하는 꽃들 가운데서도 벗꽃과 살구꽃을 좋아한다. 글쎄, 벗꽃은 다른 사람들도 좋아하지만 살구꽃은 유독 나만 좋아하는 꽃이려나. 굳이 설명하자면 벗꽃은 화려해서 좋고, 살구꽃은 예뻐서 좋다. 봄은 누가 뭐래도 벗꽃과 살구꽃을 보유한 계절의 여왕이다.

　신촌의 금화터널 부근을 지나다가 주택 담장 위로 살구꽃 가지 하나가 힘없이 축 늘어져 있는 것을 봤다. 대도시에 몇 그루 남아 있지 않은 고목古木 살구나무라는 생각이 들자 콧등이 시큰해졌다. 당당하던 나무도 시간의 무게 앞에서는 저렇게 무력해질 수밖에 없구나라는 안타까운 마음에 감정이 북받쳤던가 보다.

꽃망울이 벙글어졌을 때 벚꽃과 살구꽃을 구분할 줄 안다면 십중팔구 시골 출신이다. 도회지에서 자란 사람들은 화려한 벚꽃을 좋아할 뿐 새침데기 살구꽃의 속마음은 잘 모른다. 살구꽃은 벚꽃보다 열흘쯤 먼저 핀다. 자세히 살펴보면 꽃의 색깔도 약간 다르다. 하얀빛이 감도는 분홍색 꽃잎이 벚꽃이라면, 붉은빛이 섞인 하얀색 꽃잎은 살구꽃이다. 살구나무가 벚나무보다 표면이 시커멓고 우둘투둘한 것도 두 나무를 감별하는 방법이다.

의인화擬人化한 눈으로 봄꽃을 보면 재밌는 장면도 목격할 수 있다. 조심스럽게 고개를 내밀던 아기 살구꽃이 꽃샘바람이 불자 얼른 꽃망울을 거둬들인다. 엄마를 따라 나들이에 나선 아이가 추우니까 빨리 집에 가자고 조르는 모습과 흡사하다. 살구꽃은 다른 봄꽃들보다 유독 추위를 더 탄다. 꽃의 개화 시점과 무관하지 않은 듯하다. 살구꽃은 그렇게 나를 눈물짓게 하는 꽃이다.

벚꽃과 살구꽃은 닮은 듯 다른 꽃이다. 벚꽃은 환하게 웃지만, 살구꽃은 말없이 미소를 머금는다. 기껏해야 볼이 발그스레해지는 정도다. 벚꽃이 서울 아가씨의 이미지라면, 살구꽃은 고향 동창생의 이미지다. 벚꽃은 흐드러지게 필 수 있으나 살구꽃은 화려하게 웃는 법이 없다. 꽃의 분위기나 이미지가 사뭇 다르다. 살구꽃은 이른 봄에 피었다가 벚꽃이 본격적으로 피기 직전에 꽃잎을 접는다. 벚꽃, 네가 더 예쁘니까 나는 그만 자리를 비켜주겠다는 듯이.

예전에는 벚꽃만큼 눈에 띄지 않는 살구꽃이 애처롭게 보인 적도 있었다. 동네에서 흔히 보던 살구꽃과 읍내의 중학교에나 가야 겨우 볼 수 있었던 벚꽃에 대한 추억의 농도는 다를 수밖에 없다. 꽃이 지고 잎이 난 뒤에도 두 나무는 뚜렷하게 구별되지 않는다. 꽃 색깔과 잎 모양이 유사해서 멀리서 보면 언제나 같은 나무처럼 보였다. 나에게 살구꽃은 고향의 추억이자 나이 듦을 확인시켜주는 서러운 봄꽃이다. 고향은 그리운 곳이 아니라 날마다 아픈 곳이듯이.

학교 우체국 앞에 살구나무 세 그루가 고졸古拙하게 서 있다. 옆에는 여러 그루의 벚나무들이 덩치가 작고 볼품없는 살구나무를 향해 안쓰럽다는 표정을 짓는다. 그들의 위세에 눌려 살구나무는 기가 한풀 꺾인 모습이다. 그래도 살구나무는 올해도 변함없이 소담스럽게 담긴 살구꽃 세 바구니를 선물해주었다.

살구꽃이 필 즈음에는 틈날 때마다 살구나무 앞 벤치를 찾는다. 스마트폰을 만지작거리거나 고독한 즐거움과 익숙한 한가로움을 쾌락한다. 앉은 자리에서 정각원 종각을 내려다보며 산란한 마음을 위로받은 적도 많다. 정각원 지붕의 기와 곡선이 부처님오신날 연등 행렬을 닮았다. 비스듬하게 누워 보이는 돌계단 위로는 오색 연등이 염화미소拈華微笑의 법문을 준비하고 있는 듯하다. 마치 고운 한복을 차려입은 신심 깊은 보살들의 환하게 웃는 얼굴을 보는 것 같기도 하다.

꽃이 지고 잎이 무성하기 전의 늙은 살구나무를 바라본다. 벚꽃엔딩에 앞서 꽃의 흔적을 완전히 지워버린 모습이다. 삭발염의削髮染衣라도 한 것일까. 머지않아 살구꽃은 살구 열매의 옷을 입고 우리 곁에 다시 환생할 것이다. 제행무상諸行無常. 가을의 열매는 봄날의 꽃을 기억이나 할까.

기림사 가는 길

아주 오래전 5월 중하순의 어느 날. 석굴암을 거쳐 토함산吐含山을 넘어 함월산含月山 기림사까지 무작정 걸었던 적이 있다. 아침에는 해를 토해내는 토함산과 씨름하고 저녁에는 달을 품은 함월산에서 쉬고 싶었던가 보다. 불국사역에서 출발한 산행은 불국사에서 석굴암에 이르는 꼬불꼬불한 고갯길을 오르다가 일찌감치 포기할 뻔했다. 땀은 비 오듯 쏟아졌고 가쁜 숨소리는 내 귀에도 거슬릴 정도였다. 기림사는커녕 석굴암에서 일정을 포기하고 싶은 마음이 굴뚝같았다.

다행히 시간이 지나면서 차츰 적응이 되었고 어느 정도 자신감도 생겼다. 석굴암을 우회해서 통과했다. 토함산 자락을 따라 오르내리기를 몇 번이나 반복했다. 어느 한적한 길에서는 '동해안으로 침투한 무장간첩이 휴식을 취했던 곳'이라는 오싹한 팻말과 마주하기도 했다. 그런데 낡은 배

낭을 짊어지고 땀을 뻘뻘 흘리는 내 모습이야말로 반공 포스터 속의 바로 그 수상한 사람이었다. 멋쩍게 웃고 말았다. 길은 끊어지는가 싶다가 다시 이어지기를 반복했다. 그러다가 어느 순간 저 멀리서 동해 앞바다의 그림자가 어른거렸다. 아마도 문무대왕의 수중릉이 있는, 꿈에도 잊히지 못한다는 그 바다였을 것이다. 꽉 막혔던 가슴이 탁 트였다.

정신없이 발걸음을 옮기다 보니 어느새 지금의 한수원 본부가 있는 장항리 쪽으로 내려오고 있었다. 그 길은 지도가 가리키는 기림사 가는 길의 최단 코스였다. 장항분교 너머로 희뿌연 먼지가 날리는 비포장도로가 보였다. 경주-감포 간 국도였다. 감포 방향으로 한 시간 정도를 더 걷자 골굴암과 기림사를 가리키는 이정표가 나타났다. 적당한 크기의 화강암에 까만 페인트로 쓴 소박한 글씨였다. 여전히 두 시간 거리의 길이 남아 있었다. 아득했다. 해마저 뉘엿뉘엿 넘어가고 있었다.

무념무상無念無想의 명품 '쾌락'을 포기할 수 없었던 것일까. 계속 걷기로 했다. 더 늦기 전에 목적지인 기림사에 도착해야 한다. 혹시 있을지도 모를 만약의 상황을 피해야 했기 때문이다. 몸은 천근만근이고 다리는 주저앉기 일보 직전이었다. 새벽부터 토함산을 가로질러 함월산으로 이어지는 산길을 예닐곱 시간이나 걸었으니 다리가 풀릴 만도 했다. 하지만 그동안의 경험을 통해 멈추지 말고 계속 움직여야 한다는 것을 잘 알고 있었다. 기림사를 향해 다시 천천히 걷기 시작했다.

사방에서 아카시아 꽃향기가 진동했다. 길은 더디고 멀었다. 9시가 다 돼서야 겨우 일주문 맞은편의 호암천虎巖川에 이르렀다. 법당 참배를 내일로 미루고 서둘러 야영 준비를 했다. 그날 나는 이 절에서 저 절로 가는 나만의 '기림사 가는 길'을 걸었다. 어디 산티아고 가는 길만 순례길이던가. 나에겐 절에서 절로 이어지는 모든 길이 순례길이다.

전국에 흩어져 있는 크고 작은 사찰들을 순례길로 연결하면 법향기 가득한 트레킹 코스가 되지 않을까 싶다. 물론 어디서나 걷는다고 저절로 순례길이 되는 것은 아닐 것이다. 역사와 철학이 없는 길은 처음부터 순례길이 아닐 수도 있다. 1,700년 역사의 한국불교야말로 이런 순례길의 원조 지적 재산권자다. 이 절에서 저 절로 길이 열리다 보면 한 번 더 찾고 싶은 절도 생기지 않겠는가.

그렇게 옛 추억에서 빠져나와 다시 현실로 돌아온다. 오색 연등이 꽃불을 밝히고 있는 아름다운 계절. 비가 내리는 늦은 봄밤의 연등은 독특한 분위기를 자아냈다. 빗물을 머금은 형형색색의 연등 불빛이 마치 강물에 흐르는 유등流燈처럼 이리저리 흔들린다. 부처님의 염화拈花와 가섭존자의 미소微笑를 동시에 친견하고 있는 듯한 법열法悅을 맛보는 듯하다.

낮에는 한적하던 캠퍼스가 밤이 되니 두 손을 맞잡고 나온 젊은이들로 왁자지껄하다. 연등이 빚어내는 아름다운 장면을 추억에 담기 위해 나온 친구들이다. 팔정도 불상 앞은 이미 기념사진의 명소가 된 듯하다. 사진을 찍으려는 사람들의 웃음소리와 스마트폰 셔터 누르는 소리가 기분 좋게 요란하다. 더러는 연로하신 부모님을 모시고 나온 가족들도 보인다. 모두 환하게 웃고 있다. 세상 사람들의 행복한 모습을 보는 것이야말로 부처님오신날의 진정한 의미가 아닐까 싶다.

비 그리고 청도 운문사

봄은 꽃이 있어 설레고 여름은 비가 잦아 행복하다. 나는 유난히 비 오는 날을 좋아한다. 어릴 때도 그랬고 철든 지금도 마찬가지다. 별다른 이유는 없다. 그냥 좋은 걸 어떡하나. 동시에 비를 끔찍하게 아낀다.

누군가 나에게 "비 오는 날은 파전에 막걸리지"라는 말을 했다가 더러 머쓱해진 일도 있었다. 적어도 비 오는 날만은 사람들과 어울리고 싶지 않아서다. 대신 나만의 방식으로 비와 대화를 시도한다. 혼자 묻고 혼자 대답하지 않으면 안 되는 시간들. 그때 와인 한잔까지 거부하는 것은 차마 사람이 할 짓이 아니다. 다만 혼자여야 한다는 조건은 변함없는 불문율이다. 얼마간의 시간이 흐르고 '순간' 카타르시스와 힐링의 파도가 밀려온다. 마치 수준 높은 고급 쾌락을 맛보는 느낌이라고나 할까. 그것은 비가 나에게 주는 소중한 선물이다.

언제부턴가 비 오는 날의 청도 운문사를 마음속에 품고 있었다. 절은 사시사철 안 좋을 때가 없지만 눈 내릴 때 가보고 싶은 절이 있는가 하면, 비 올 때 더 찾고 싶은 절도 있다.

지난주 목요일이었다. 전날 밤부터 내린 비가 아침까지 추적거렸다. 불현듯 미뤄왔던 숙제를 해치우고야 말겠다는 객기가 발동했다. 서둘러 동대구행 KTX 승차권을 예매했다. 다행히 비는 갑작스러운 대구행을 취소하지 않아도 될 만큼의 강우량을 계속 유지했다. 비야 내려라, 너무 많이 내리지는 말고. 대구에 사는 친구에게 전화를 걸어 일일 가이드를 부탁했다. 신심 깊은 불자 친구 부부는 흔쾌히 수락했다.

서울역에서 출발한 고속열차는 기적을 울릴 여유도 없다는 듯이 쉬지 않고 내달렸다. 낭만과는 거리가 있지만 쾌적한 속도감은 부정하기 힘든 매력이었다. 차창에 부딪히는 빗물과 노닥거리는 사이에 동대구역에 도착했다. 1시간 47분. 놀라운 속도였다. 저만치서 친구 부부가 반갑게 손을 흔드는 모습이 보였다. 동대구역에서 경산을 거쳐 청도 운문사까지 1시간 남짓. 드디어 비 오는 날 꼭 한번 가보고 싶었던 운문사에 도착했다. 청.도.운.문.사! 왠지 발음만 들어도 정갈하고 운치 있는 고즈넉한 사찰의 이미지가 떠오르지 않는가. 산사는 선정에 든 수행승처럼 가끔 묵직한 미동만 있을 뿐 다른 사소한 움직임들은 전무했다.

산속이라 그런지 빗소리가 더욱 크게 들렸다. 사방을 둘러보았다. 운문사를 병풍처럼 에워싸고 있는 호거산虎踞山 봉우리들이 제법 높았다. 봉우리 사이로 구름雲이 모여들었다가 흩어지기를 반복하면서 갖가지 모양의 문門들을 만들어내고 있는 것만 같았다. 불이문不二門도 있었고 해탈문解脫門도 보였으며 지옥문地獄門도 나타났다. 설마 그래서 운문사雲門寺일까. 조금은 불가사의한 경험이었다.

이곳저곳을 천천히 둘러보았다. 대웅보전에 들러 삼배를 올린 뒤 돌아 나오는 길에 앙증맞게 서 있는 작압전鵲鴨殿과 마주쳤다. 까치가 울면서 쪼아대던 땅에 당우堂宇를 세웠다는 유래가 흥미로웠다. 맞은편 야트막한 담벼락엔 '출입 금지'란 팻말과 함께 비에 젖은 능소화 몇 점이 우리 일행을 향해 다소곳이 미소를 품고 있었다. 담장 너머가 궁금했다. 나도 모르게 가던 길을 멈추고 두 손을 모았다. 빗물에 불어난 계곡물 소리가 예사롭지 않았다. 비가 좋아 막무가내로 감행한 당일치기 여행이라 귀경길을 서둘러야 했다.

나에게 있어 눈은 '내리는' 것이지만 비는 무조건 '오는' 것이다. 어디론가 무작정 걷고 싶다는 말도 눈보다는 비 오는 날에 해당하는 말이라고 끝까지 우기고 싶은 심정이다. 당연히 마지못해 내리는 눈보다는 오지 말라고 해도 한사코

오는 비를 더 좋아한다. 눈은 쌓이지만 비는 쓸어간다.

친구 부부와 헤어질 시간. 기어코 지역 특산품인 황남빵 두 봉지를 내 손에 들려주고 나서야 부부는 돌아섰다. 비 오는 날엔 청도 운문사다. 한번 가보시라. 절대 후회하지 않을 것이다.

새 이야기

　　며칠째 찜통더위가 기승을 부린다. 낮에도 덥고 밤에도 덥다. 어제도 열대야로 밤잠을 설쳤다. 무더운 여름날이면 어머니가 해주시던 등목이 그립다. 갓 길어 올린 우물물 한 바가지는 얼마나 시원했던가. 머리 위로는 금방이라도 쏟아질 것 같은 무수한 잔별들이 까만 밤하늘을 몽환적인 분위기로 만들었다. 은하수였다. 이름 모를 풀벌레들의 울음소리는 밤새도록 요란했고. 더위를 잊어보고자 잠시 유년으로 가는 타임머신을 타보았다.

　　내가 사는 아파트는 후면의 부엌 쪽이 암반을 깎아낸 경사면 위에 서 있는 구조여서 뒤에서 보면 정면 출입구보다 2, 3층가량 더 높아 보인다. 산비탈이 사라진 공간에는 미니공원과 산책로가 조성되어 있다. 여름엔 무성한 느릅나무 가지가 창가에 깃들고, 겨울엔 푸른 바람 소리가 풍경風磬처럼 짤그락거린다. 비가 와도 좋고 눈이 내려도 좋다. 숲이 있으니 당연히 새도 찾아든다. 터줏대감은 직박구리와 찌르레기지만 더러 멧비둘기와 뻐꾸기 울음소리도 들린다.

몇 년 전 이맘때쯤 경험한 특별한 기억 하나를 떠올려본다. 새 이야기다. 그때까지 새는 본능적으로 울거나 기껏해야 노래하는 줄로만 알았다. 그런데 그게 아니었다. 새들도 우리처럼 웃고 떠들고, 싸우고 삐치고, 사랑하고 화해하는 것 같았다. 때로는 속이 터진다는 듯이 잔소리를 길게 늘어놓기도 했다.

어머니의 49재를 회향하고 났을 즈음. 산까치 한 쌍이 매일 부엌 창가에 찾아와 집보살을 향해 끊임없이 말을 걸기 시작했다. 전에는 한 번도 본 적이 없는 낯선 광경이었다. 처음에는 대수롭지 않게 여겼지만 똑같은 행동이 계속되자 나도 관심을 가지게 되었다. 낮에 혼자 있을 때는 더 큰 소리로 한바탕 야단법석을 떨다가 가곤 했다.

산까치는 가끔 다른 새들을 데려오기도 했는데, 그런 날은 좁은 부엌 창문틀을 먼저 차지하려는 뭇새들의 떼창으로 시끌벅적했다. 새들은 쉴 새 없이 깍깍대고 찍찍댔다. 무슨 말인지 알아들을 수는 없었지만, 불쾌하거나 기분 나쁘다는 생각은 전혀 들지 않았다. 새들은 오랜만에 만나 반갑게 인사말을 주고받는 듯 즐거운 모습이었다.

새는 우리에게 뭔가 하고 싶은 이야기가 있는 것처럼 보였다. 그러다 문득 산까치 한 쌍이 어머니의 화신化身일지도 모른다는 상상을 해보았다. 이승과 저승을 자유롭게 왕래하는 메신저가 있다면 아마도 저 새가 아닐까 싶었다. 저승의 어머니는 당신의 49재를 준비해준 이승의 아들 부부에게 고맙다는 말이라도 전하고 싶었던 것일까.

그렇게 우리 집은 한동안 산까치 한 쌍과 다른 산새들이 무시로 찾아와서 놀다 가는 사랑방이 되었다. 적어도 한 달 이상은 그랬던 것으로 기억한다. 어쩌면 새들에게도 전생이 있을지 모른다는 영감이 불쑥 솟아올랐다. 윤회와 환생은 있을 수도 있고 없을 수도 있다. 그것은 종교의 영역이지 과학의 영역은 아닐 것이다. 하지만 나는 자식 집에 온 것처럼 유쾌하고 당당하게 부엌 창틀로 찾아든 산까치 한 쌍이 어머니의 환생이 틀림없다고 믿게 되었다.

오늘도 하루 종일 숨이 턱턱 막히는 짜증 나는 날씨다. 그 옛날 어머니가 우물가에서 해주시던 등목을 추억하면서 오늘 밤만이라도 시원하게 잠들 수 있었으면 좋겠다. 꿈속에서는 아무라도 붙잡고 혹시 어머니였을지도 모를 산까치 한 쌍의 안부를 꼭 물어볼 작정이다.

울 엄마의 '범' 이야기

어머니는 '호랑이'라는 단어를 모르셨는지 '범' 이야기만 해주셨다. 1910년대생이니까 어머니가 호랑이를 봤다는 말이나 전해준 에피소드들은 조금도 지어낸 말이 아닐 것이다. 기록상으로도 경주 지역에서 호랑이가 자취를 감춘 것은 그 후 수십 년이 더 지난 뒤의 일이었다니까.

무엇보다 목격담의 묘사가 너무나 생생했다. 동네 친척 언니들과 봄나물 캐러 산에 올랐다가 바위 굴 앞에서 장난치고 놀던 노란색 새끼 고양이 두 마리를 봤다고 했다. 너무 귀여워 무심코 다가서려던 순간 묵직한 기운을 느끼고 뒤돌아보니 암컷 호랑이가 앞발로 땅을 지긋이 긁으며 점잖게 헛기침을 하고 있었다고 한다. 소리 없이 초목을 뒤흔드는 압도적인 전율과 함께. 어머니의 말에 따르면, 당시만 해도 호랑이는 그냥 깊은 산에 사는 영험한 동물의 하나로 여겨졌단다. 호환虎患도 심심치 않게 일어났으며, 어느 집 누가 호식虎食을 당할 팔자라는 말도 공공연하게 회자되었다고 한다.

열여덟 살에 등 떠밀려 종갓집 맏며느리로 시집온 어머니는 새벽에도 혼자서 이십 리 길 읍내 어시장을 오가며 제사상을 준비해야 했다. 두렵고도 서러운 그 길을 종종 호랑이가 어슬렁거리며 에스코트해주었다고 한다. 믿거나 말거나 한 이야기가 아니라 실화 다큐멘터리다. 덩치가 송아지보다 훨씬 더 크고, 누런 바탕에 검은 줄무늬를 하고 있던 호랑이를 똑똑히 기억하셨다. 놀란 와중에도 무섭다기보다는 당신을 지켜준다는 안도감에 오히려 마음이 놓였다고 했다. 밤에는 인人짐승이 무섭지, 산山짐승은 무섭지 않다는 말씀도 보태셨다.

우리 어머니만 그런 경험을 한 게 아니었다. 국민학교에서 만난 다른 동네 친구들도 자기 가족에게서 들은 이야기를 똑같이 했으니까 말이다. 흔하지도 않았지만 아주 드문 일도 아니었던 모양이다. 할머니의 친정은 바로 윗동네인 호동虎洞이었고, 우리 집의 택호는 호계댁虎溪宅이었다. 모두 '범'을 뜻하는 '호虎' 자가 들어 있다.

그뿐만이 아니다. 동네 밖 산비탈 중간에는 호랑이가 앉아 쉬고 갔다는 범바우虎巖가 그대로 남아 있었다. 할아버지는 어른 주먹만 한 시퍼런 불을 뚝뚝 흘리고 지나가던 범 이야기를 대수롭지 않게 해주셨다. 그럴 때마다 동네 개들은 똥오줌을 지리며 마루 밑으로 기어 들어가 숨소리도 내지 않았다고 했다. 이튿날 아침이 되면 송아지를 잃은 집도 있고 어린아이가 없어진 집도 있었다면서.

이런 전언들로 미루어볼 때 어머니가 해주신 이야기 속의 호랑이는 적어도 전설상의 동물만은 아니었던 것이 분명하다. 호랑이 이야기는 거의 바깥세상을 구경하지 못한 어머니 세대가 자식들에게 들려줄 수 있었던 자연 다큐멘터리 특집방송이 아니었을까 싶다. 어떤 꾸밈말도 보탤 줄 몰랐던 어머니의 어눌한 '범 목격담'은 언제 들어도 진지했다. 다만 '범'은 '호랑이'로 바꿔서 들어야 했다.

세시歲時의 감상에 젖어 어머니를 떠올렸다가 뜬금없는 호랑이 이야기가 튀어나왔다. 인공지능이 세상을 바꾸고 있는 마당에 무슨 뚱딴지같은 범 타령이냐고 타박할 사람이 있을지도 모르겠다. 너그러운 양해를 구한다. 2022년 올해가 호랑이해라고 하니 나도 모르게 어릴 때 이불 속에서 듣던 어머니의 목소리가 다시 듣고 싶었던 모양이다. 어쩌면 우리 또래는 '범'이라는 소리를 듣고 자란 거의 마지막 세대가 아닐까라는 생각을 해본다. 어느새 아버지의 '나이'를 지나 민화 속에나 나올 법한 호랑이 이야기를 하는 '연세'가 되고 말았다.

따지고 보니 '범'이라는 말은 어머니에게서 들었고 '호랑이'라는 명사는 학교에서 배웠다. 범은 한 번도 본 적이 없지만, 호랑이는 몇 번 봤다. 동물원에서. 범의 기억이 가물가물해지는 만큼 어머니에 대한 추억도 점점 옅어져가는 것 같아 죄송스럽기만 하다. 호랑이가 아니라 범 이야기를 해주시던 젊은 어머니를 나지막한 목소리로 불러본다. 마치 어머니가 환한 얼굴로 "막둥이는 아직 늙지 않았구나" 하고 다독거려주시는 듯하다.

　연초에 새해 인사를 어머니께 들은 범 이야기로 대신한 셈이 되었다. 다들 호랑이처럼 무병장수하시고 범처럼 종횡무진하시길 빈다.

을지면옥

어릴 때 먹었던 음식 맛이 엄마의 사랑을 부르
듯이, 다 커서 맛본 음식도 새로운 사랑의 대상이 될 수 있나
보다. 나에게는 평양냉면이 바로 그런 음식이다. 비빔은 정
중히 사양한다. 나는 사시사철 언제나 물냉면만 먹는다. 성
격 한번 유별나다. 특별한 맛이랄 게 없는 슴슴한 국물과 맥
없이 끊어지는 면발의 허무한 느낌이 내 마음을 사로잡을
줄 어떻게 알았겠는가. 을지면옥과의 인연은 그렇게 시작되
었다.

얼추 20년은 더 된 것 같다. 내일을 기약할 수 없는 시간
을 두고 한없이 불안하던 시절, 어느 추운 겨울날 우연히 들
른 곳이 을지면옥이다. 처음 맛본 차가운 냉면 육수가 주눅
들어 있던 내 가슴을 시원하게 뻥 뚫어주었다. 만해가 노래
한 "날카로운 첫 키스의 추억"이 이런 맛이었을까 싶을 정도
로. 그날 나는 "평양냉면이 처음부터 맛있다고 하는 사람은

당신이 처음"이라는 말도 들었다.

　그 전까지 나의 옛사랑 음식은 잔치국수였다. 무엇보다도 먹는 방법이 간단해서 좋았다. 숟가락 대신 젓가락만으로도 충분했으니까. 후루룩 서너 번 목 넘김과 국물 두어 모금 마시면 끝이다.

　음식은 먹는 그 사람을 만든다고 했던가. 비겁하지는 않았지만 야무지지도 못했다. 손해를 보는 것은 항상 나였다. 그때까지 냉콩국수는 먹어봤지만 평양냉면은 먹어본 적이 없었다. 그것은 마치 지금까지의 사랑과는 완전히 다른 느낌의 새로운 사랑을 만난 감정과도 같았다.

　지금 생각해도 신기한 경험이었다. 그날 을지면옥의 냉면 맛이 왜 그렇게 강렬한 충격으로 다가왔는지는 나도 그 이유를 알 수 없다. 그 뒤로 혼자서도 자주 찾기 시작하면서 을지면옥은 내 마음속에 사랑으로 확고하게 자리 잡았다. 을지면옥의 냉면 맛은 특별하지 않았다. 하지만 시간이 지날수록 점점 더 당기는 살가운 맛이었다. 하긴 곰삭은 냉기를 품은 동치미 육수가 내 입에 딱 맞긴 했다. 뭐랄까, 잠시 스쳐 지나간 사랑이 뜬금없이 자꾸 생각나는 그런 묘한 기분이 드는 음식 맛이 나는 무작정 좋았다.

　그런데 그 을지면옥이 2022년 봄과 여름 사이에 감쪽같이 내 눈앞에서 사라졌다. 군대 간 사이에 갑자기 소식을 끊은 여자친구보다 더 원망스러운 심정이었다. 음식은 소중한 기억의 중요한 일부다. 추억의 장소가 나의 의지와 상관없이 소멸한 것은 그리움 하나를 강제로 빼앗긴 것이나 다름없다. 막연히 억울하다는 느낌이라고나 할까.

일주일에 서너 번은 무조건 아침저녁으로 지나쳤던 을지면옥 앞 인도가 낯설게 느껴졌다. 공사 가림막 너머 어디엔가 을지면옥이 그냥 그대로 서 있을 것만 같다. 발걸음을 멈추고 자꾸만 물끄러미 쳐다보게 된다. 을지면옥이 있던 자리 주변에는 육중한 몸집의 복합상가 건물이 들어서고 있다. 몇 군데 남지 않은 기존의 공구상들이 한없이 초라하게 보인다. 마음이 아팠다. 문득 그만큼 나이 든 내 모습도 되돌아보게 된다.

언제나 거기에 그대로 있을 거라고 생각했던 사람과 장소가 하나둘씩 사라져간다는 것은 참으로 서러운 일이다. 일 년에 두어 번 명절 제사 때나 만나 뵙는 부모님의 옛 모습도 그 가운데 하나일 것이다. 그럴 때마다 무상의 가르침은 시간의 무게를 담담하게 받아들여야 한다는 삶의 지혜를 나지막하게 일깨워준다. 학교에 들어설 때마다 팔정도 불상 앞을 그대로 지나칠 수 없는 이유다. 삼배 대신 일배라도 올려야 내 마음이 편해진다.

음식은 그리움이고, 추억은 다시 아픔이 된다. 영원하지

않아서 세상은 더 아름다운 것인지도 모르겠다는 말로 애써
나 자신을 위로해본다. 을지면옥의 퇴장은 재개발의 논리에
밀려 원주민들이 도심 밖으로 쫓겨나는, 이른바 젠트리피케
이션의 대표적인 사례가 아닌가 싶어 더욱 씁쓸하다. 물론
주인은 역설적으로 돈 많은 부자일지도 모를 일이다.

그렇다고 넋 놓고 안타까워할 수만도 없다. 붓다가 영원
대신 무상을 일깨워준 것이 얼마나 다행한 일인지 모르겠다
는, 혼·잣·말을 수도 없이 중얼거린 하루다. 명절을 앞두고
온갖 상념이 떠올라 마음이 허전했던가 보다.

최근 그 을지면옥이 낙원동에 재오픈을 했다는 반가운
소식을 들었다. 조만간 한번 가볼 작정이다. 부디 옛날 그 맛
그대로이길.

편지 세대의 가을앓이

　　　　　베이비 붐 세대로 불리는 우리 또래는 무엇보다도 손편지 세대였다. 친구의 낯 간지러운 연애편지를 돌려가면서 읽고, 걸핏하면 영혼 없는 위문편지를 써야 했다. 담임 선생님의 편지 샘플을 본보기 삼아 온갖 미사여구를 동원하며, 두세 통의 위문편지를 뚝딱 써냈던 기억이 아스라하다. 더러 마음에 없는 말을 잘하지 못하는 짝꿍을 위해 작문 실력을 발휘하던 친구들도 있었다. 그렇게 군인 아저씨 앞으로 배달될 위문편지가 교탁 위에 수북이 쌓였었다.

　문득 지난날이 무조건 아름답게 채색되는 것은 경계해야 할 마음의 질병 같다는 생각을 해본다. 어느 날 갑자기 감정의 주관적 왜곡 현상이 심각할 정도로 내 정신건강을 위협하고 있음을 느꼈기 때문이다. 하긴 시간이 흐를수록 다시 돌아가고 싶은 대상이 점점 많아진다는 것은 인간적으로 참 견디기 힘든 고통이긴 하다.

편지 세대의 아날로그 정서는 가끔 주위 사람들을 불편하게 만들기도 하는 것 같다. 용건만 간단히 적어야 할 카카오톡 메시지가 자주 연애편지 분량만큼 늘어난다. 써놓고 보면 나도 모르게 내용이 길어져서 고개를 흔들다가도 어느새 습관처럼 보내기 버튼을 누르고 나서야 또 아차 싶다. 한두 줄로 그치는 편지를 거의 써본 적이 없는 우리 세대의 말과 글은 언제나 구구절절하다. 어쩌면 '라떼'의 웃픈 현실은 이런 언어 습관이 자초한 업보일지도 모를 일이다. 내 감정에 취해 상대방의 기분을 미처 헤아리지 못하는 무례함을 반복하기 일쑤다. 편지 세대가 문자 세대에게 은근히 외면당하는 것도 사실은 젊은 세대를 짜증 나게 하는 이런 말과 글의 장황함 탓이기도 하다. 조심하려고 하지만 어느 순간 관성의 지배를 받는 나 자신을 발견한다.

며칠 전에 말기 암 임상시험 환자로 대형 종합병원에 입원해 있는 중학교 동창을 만났다. 우리는 성장기의 애틋한 경험을 유난히 많이 공유하던 사이였다. 두 손을 맞잡고 그동안의 안부를 묻다가 둘 다 자꾸만 고개를 반대로 돌려야 했다. 말없이 흐르는 눈물을 조금이라도 감추기 위해서였다. 그와 나는 경주 감포중학교에서 처음 만나 좋아하는 여학생을 위해 밤새워 쓴 따끈따끈한 손편지를 서로 대신 전해주기도 하던 살가운 친구 사이였다. 서너 번이나 꼬깃꼬

깃 접은 편지봉투 속에는 양쪽 친구의 심장 뛰는 소리가 고
스란히 담겨 있었던 것을 아릿하게 기억한다. 빡빡머리 남
학생과 단발머리 여학생이 주인공인 '1970년대 제작' 흑백
영화의 한 장면이었다고나 할까.

  그날 밤 병원에서 나는 뜬금없이 "내가 너 대신 편지 심
부름을 했던, 그 여자 동창은 지금 어떻게 사느냐"고 물었
다. 읍사무소 소재지의 이웃 동네에 살았던 두 사람은 그 후
에도 제법 오랫동안 서로 좋아하는 사이로 지낸 것을 알고
있었던 탓이다. 그 순간 병색이 완연하던 친구가 환한 얼굴
로 멋쩍게 웃으면서 말했다. 그 여자 동창은 우리도 잘 아는
다른 남자 동창생과 결혼해서 잘 살고 있다고. 옛날 생각이
나자 친구는 갑자기 기분이 좋아지기라도 한 듯 자기가 메
신저 역할을 했던 또 다른 여자 동창의 근황을 들려주었다.
그 친구는 고향 인근 도시에서 가족과 함께 예쁜 펜션을 운
영한다고 했다. 이번엔 내가 그를 향해 싱거운 눈웃음을 보
냈다. 그날 밤 우리는 잠시 손편지의 추억에 젖어 웃다가 또
울었다.

  손편지 세대인 우리에게 가수 어니언스의 명곡 〈편지〉
는 언제 들어도 가슴 먹먹한 바로 우리 세대의 이야기다. 그
날 친구와 헤어져 집으로 돌아오는 차 안에서 유튜브로 〈편
지〉 노래를 찾아 무한 반복으로 들었다. "말없이~ 건네주고

~ 달아난~ 차가운 손~"과 "하얀~ 종이 위에~ 곱게~ 써 내려간~"이라는 가사가 계속 머릿속을 맴돌았다. 그리고 그날 이후 어디를 가든 낭만 가객 최백호의 독백이 그림자처럼 따라다니고 있다. 노래꾼은 나를 위로하듯이 나지막이 읊조렸다. "가을엔 가을엔 떠나지 말아요"라고. 성글던 사랑도 풋풋한 우정도 함께 나누던 이 친구가 가고 없으면, 정말 "내 마음 갈 곳을 잃어"버릴 것만 같아서 두려웠다.

갑자기 "멍 뚫린 내 가슴"이 누군가에게 긴 편지를 쓰고 싶어졌다. 잠깐 조는 사이에 친구의 몹쓸 병이 약사보살의 따뜻한 약손으로 흔적도 없이 사라지는 꿈을 꿨다.

가을 단상

가을이 오는가 싶더니 벌써 겨울인 듯 기온이 뚝 떨어졌다. 거의 영하권이다. 무엇이든 처음이 더 아픈 것처럼 추위도 예외가 아닌 것 같다. 몸이 먼저 반응했다. 서둘러 외투를 꺼내 입고 내친김에 목도리까지 걸치고 집을 나섰다. 10월에 굳이 이렇게까지 추울 게 뭐 있느냐고 투덜대면서 출근길을 재촉했다. 때마침 어느 스님이 '가을 그냥 가을'이라고 카톡 메시지를 보내왔다. 가을은 아무 이유 없이 그렇게라도 짧은 편지를 쓰고 싶은 계절인가 보다.

일주일에 두세 번 광화문 사거리에서 남산 한옥마을까지 '자자와 포살'의 길을 걷는다. 가능하면 서두르지 않고 천천히 발걸음을 옮긴다는 나만의 규칙을 가지고 말이다. 도심재개발이란 이름으로 하루가 다르게 변하는 주변 거리 풍경을 보고 놀라면서도 애써 무심한 척 지나친다. 따닥따닥 정겹게 붙어 있던 을지로의 공구상가도 어디론가 옮겨 갈 모양인지 가림막을 치고 공사 중인 곳이 많다. 직장인들의 애환이 깃든 추억의 을지로 골뱅이 골목조차 머지않아 사라질 것 같은 분위기다. 헌것은 새것으로 바뀌고 새것은 다시 헌것이 된다. 무상의 가르침이 그렇다.

어쩌면 '전통의 보존'이라는 그럴싸한 명제는 일종의 허위의식에 지나지 않는 것일지도 모르겠다. 그것은 편안한 것에 안주하려는 기성세대의 자기 합리화 내지는 자기 정당화를 '좋았던 옛날' 타령으로 포장하는 꼼수일 수도 있기 때문이다. 막을 수는 없지만 아쉬움은 남는다. 익숙했던 사물들이 낯설게 보이는 순간 나의 몸과 마음도 오래되었음을 자각한다.

을지로가 끝나고 충무로가 시작되는 길 언저리에 한때 개봉관으로 이름을 날렸던 명보극장이 여전히 터줏대감 노릇을 하고 있다. 하지만 외관과 건물의 용도는 크게 바뀐 듯 눈을 어지럽히는 온갖 간판들로 어수선하다.

1978년 늦가을 혹은 이듬해 초겨울이었던 것으로 기억한다. 종로경찰서 부근에 있던 재수학원을 오가며 후암동 삼거리 부근의 독서실에서 숙식을 해결하고 있을 때였다. 학원 친구들과 〈내가 버린 여자〉라는 영화를 보러 갔다. 지금의 잣대로 보면 〈내가 버린 여자〉는 도저히 용서할 수 없는 반페미니즘적인 제목이다. 한동안 그와 유사한 영화 제목이 유행했다. 영화가 상영되는 동안 여기저기서 훌쩍거리는 소리가 끊임없이 들렸다. 전언에 따르면 관객의 대부분은 지방에서 올라와 이런저런 사연을 품고 공장이나 술집에서 일하던 젊은 여성들이었다. 극장 안의 숨죽인 흐느낌은 고향에 있는 남동생들에게 학비를 보내야 했던 우리 윗세대 누나들의 억울한 서러움이기도 했다. 그때를 떠올리면 나도 모르게 눈물이 난다.

남자 주인공 이름은 잊어버렸지만, '이영옥'이라는 여자 주인공 이름은 내 머릿속에 또렷이 각인되어 있다. 갓 스무 살이던 나는 멋대로 감정이입을 하면서 온갖 장밋빛 미래를 상상했다. 당연히 영화 속 남자 주인공과 같은 성공한 인생을 꿈꾸기도 했을 것이다. 그날 명보극장 주변 골목은 표를 사기 위해 길게 늘어선 관객들로 인산인해였다. 꾸불꾸불 긴 뱀의 형상을 닮은 줄서기가 도대체 어디까지 이어지는지 가늠조차 할 수 없을 정도였다.

같은 해 연말 즈음 〈MBC 대학가요제〉에서 심민경(심수봉의 본명)이란 명지대생이 피아노를 치면서 분위기에 어울리지 않게 〈그때 그 사람〉을 부르던 모습도 아련한 청춘의 한 장면으로 소환된다. 그해 겨울 서울 시내 음악다방의 DJ들은 김만준의 〈모모〉와 심민경의 〈그때 그 사람〉을 쉴 새 없이 번갈아가며 틀어주었다.

아무튼 가을이다. 지난 금요일에는 나이 든 대학원생 두 명과 은행나무로 유명한 양평 용문사를 다녀왔다. 후드득거리는 가을비를 고스란히 맞고 서 있던 산사는 더없이 고즈넉하고 조용했다. 법당에서 무릎을 꿇고 삼배를 올리며 사랑하는 사람들의 건강과 행복을 기원했다.

늦은 밤, 그 옛날 그날처럼 빗소리가 창밖을 두드린다. 문득 청명한 가을 햇살 아래 외갓집 할머니처럼 환하게 웃으면서 나를 반겨주던 청하 보경사의 늙은 감나무가 보고 싶어진다. 갑자기 추워졌다고 나뭇잎이 한꺼번에 다 떨어지지는 않으리라. 아직은 가을이다. 어디론가 떠나고 싶지 않은가. '가을 그냥 가을'이란 말이 무작정 좋은 하루였다.

친구여!

　　가을이 꽤 깊어진 것 같다. 그래서일까? '만추晚秋'라는 단어가 가슴에 더 와닿는다. 나뭇잎의 색깔과 바람의 결도 확실히 달라졌다. 마치 지금 우리가 '쓸쓸한 계절'의 한가운데 서 있는 것만 같다. 조금 외롭고 많이 고독하다.

　　한낮인데도 빗방울 소리가 제법 크게 들린다. 하긴 밤에만 비가 오란 법은 없지. 바람도 분다. 동국대 팔정도 불상 양쪽의 두 그루 협시불 은행나무에선 황금빛 비늘들이 후드득 떨어진다. 비를 피해 형형색색의 우산을 쓴 사람들이 분주하게 스쳐 지나간다.

　　누군가 가을엔 편지를 쓰고 싶다고 했다. 수신인이 누구여도 좋은 그런 편지 말이다. 잊고 있던 옛 친구들이 생각나는 계절이다. 문득 한 친구의 얼굴이 떠오른다.

　　그를 만난 것은 40여 년 전 지방의 한 대학에서다. 고향이 충남 신탄진이라고 했다. '신탄진'은 당시 많은 사람들이 좋아하던 담배 이름이었다. 친구는 술을 좋아했지만 말수는 적은 전형적인 충청도 사람이었다. 그즈음 부마항쟁과 10·26사건이 일어났다. 그 뒤 얼마 지나지 않아 우리는 밤새도록 〈입영전야〉를 부르고 헤어졌다. 그리고 많은 시간이 흘렀다. 그러다 불과 몇 년 전에야 서로 연락이 닿았다. 친구는 대구에서 조그만 자동차 부품공장을 운영한다고 했다. 그럭저럭 살 만한 모양이었다. 나는 그저 그런가 보다 했다.

몇 년 전 총장선거에 출마했을 때의 일이다. 친구에게서 전화가 왔다. 서울에 볼일이 있어 온 김에 점심이나 같이 먹자고 했다. 친구 부부가 학교로 찾아왔다. 이런저런 이야기를 나누다가 밥 먹으러 가자고 했더니 슬그머니 노란 봉투 하나를 내려놓고 나가는 게 아닌가. 친구를 보내고 올라와 봉투를 열어보니 농협 직인이 찍힌 돈봉투 두 개가 들어 있었다. 살펴보니 두툼한 오만원권 지폐 묶음이었다. 지금까지 현금으로는 한 번도 만져보지 못한 엄청난 금액이었다. 순간 어떻게 해야 할지 몰라 혼란스러웠다. 친구에게 전화를 걸었다. 그는 아무렇지도 않은 듯이 그냥 필요한 곳에 쓰라고 말했다. 어떤 조건도 달지 않았다. 다만 그는 시골에서 올라와 어렵게 대학에 자리 잡은 내가 정말 자랑스럽다고 말했다. 단지 그뿐이었다.

이후 돈은 흐지부지 없어졌지만 우리의 우정은 더욱 단

단해졌다. 지금도 돈 이야기를 꺼낼라치면 정색을 하고 손사래를 친다. 그냥 주고 싶어서 줬을 뿐이라는 것이 지금까지 내가 들은 말의 전부다. 만에 하나 그가 나에게 뭔가를 바라고 봉투를 건넸을 가능성은 그야말로 제로다. 친구와 나는 아무런 이해관계도 없다. 불가에서 말하는 무주상보시無住相布施란 이런 행위를 두고 하는 말인지도 모르겠다.

잠시 가을 단상에 젖어 조용필의 〈친구여〉를 부르고 말았다. 가을은 가을인가 보다. 이렇게 사적인 이야기를 넋두리처럼 하고 있으니 말이다.

친구야, 우리가 다시 20대로 돌아갈 수는 없지만 그때 그 시절의 풋풋한 감정마저 잊고 살지는 말자. 우리가 언제 이렇게 나이 먹을 줄 알았던가. 환갑이란 말을 한 번이라도 떠올려본 적이 있기나 한가. 그런데 벌써 그 나이가 되고 말았으니 도대체 누구를 탓해야 하는가. 가수 나훈아의 〈고장난 벽시계〉 때문이라고 할 수도 없는 노릇 아닌가. 종종 만나고 건강하게 사세. 참, 자네 보살에게도 안부 전해주게나.

이제 일상으로 돌아갈 시간이다. 어느새 가을비도 그쳤다. 조용필의 〈친구여〉를 밤새 목놓아 부르고 싶은 가을밤이다.

'꼬꿀암'의 추억

　　　　고인故人이 된 어느 대통령이 '갱제'를 살리기 위해 '강간 산업'을 육성해야 한다고 목소리를 높였다가 세간의 놀림감이 된 적이 있다. 복모음을 제대로 구분하지 못한 대통령이 '경제'를 '갱제'로, '관광'을 '강간'으로 발음하는 바람에 일어난 웃지 못할 해프닝이었다.

　그 정도는 아니지만 나도 몇 가지 발음은 여전히 잘 안 된다. 'ㄱ'과 'ㄲ', 'ㄷ'과 'ㄸ', 'ㅓ'와 'ㅡ', 'ㅅ'과 'ㅆ' 등을 분간하지 못한다. 그래서 '고추장'은 '꼬추장'이고 먹는 '밤'은 '빰'이며, '성공'은 언제나 '승공'이고 '쌀'은 죽으나 사나 '살'일 뿐이다. 우리 윗세대는 'ㄱ'과 'ㅈ' 발음을 뒤섞어 '기름'을 '지럼'이라고 말하는 사람들도 있었다.

　말이 길어진 것은 순전히 '꼬꿀암'이란 절 이름 때문이다. 꼬꿀암은 경주 골굴사의 옛 이름인 '골굴암'의 지역 발음이다. 꼬꿀암의 본사인 기림사도 '지름사'라고 불렸다. 어릴 때의 기억들은 후천적인 유전자가 되는 듯 성년이 된 다음에도 몸과 마음속 어딘가에 세포처럼 살아 있는 것만 같다. 나에게는 '꼬꿀암'이란 단어가 그런 경우다. 어머니의 손맛과 할머니의 말맛은 쉽게 잊혀지지 않는 법이다.

꼬꿀암은 내가 살던 동네에서 경주 방향 신작로를 따라 서너 시간은 족히 걸어가야 하는 제법 먼 곳에 있었다. 오일장이 열리는 양북면 소재지 어일리에서는 한 시간 남짓한 거리였다. 어머니와 동네 아지메들은 유일한 탈출구였던 어일 장날에 큰맘 먹고 인근의 꼬꿀암을 다녀오곤 했다. 보나마나 자식이 잘되기를 부처님 전에 빌고 또 빌었을 것이다. 어느 시인의 말을 빌리면 지금의 나는 그런 어머니가 9할을 만들어주셨다.

나와 불교의 첫 만남도 그렇게 시작되었다. 동네 어른들은 꼬꿀암에 가면 아카시아 꽃향기가 좋았다거나 바위 절벽 위에 부처님이 앉아 계신다는 말들을 전해주셨다. 거기서 조금만 더 올라가면 기림사가 있었지만, 식구들의 저녁밥과 쇠죽을 끓여야 하는 어머니는 감히 그곳까지 갈 엄두를 내지 못하셨다. 어머니는 생전에 기림사 오백나한전五百羅漢殿에 꼭 한번 가보고 싶다는 말씀을 자주 하셨다.

내 유년기의 기억을 종합하면 당시 꼬꿀암은 인근 지역에서 소문난 핫플레이스였다. 이불속에서 몰래 들었던 형과

누나의 추억담 속에는 언제나 꼬꿀암이 등장했다. 위치상 사방 삼십 리 이내에 살고 있는 청춘 남녀들이 어른들의 눈을 피해 소개팅과 단체 미팅을 할 수 있었던 최적의 장소였을 것이다. 지금은 절 이름도 골굴사로 바뀌고 몇 번의 중창 불사 끝에 편의시설도 갖추게 되었지만, 그때는 서로 손을 맞잡아야 마애불상이 있는 가파른 바위 위로 오를 수 있었다고 하니 더없이 좋은 안성맞춤의 데이트 코스였던 셈이다.

처음 본 젊은 남녀가 당황한 나머지 자기도 모르게 상대가 내민 손을 덥석 잡았을 장면을 상상하면 바로 눈앞에서 행복한 목소리가 들리는 듯하다. 작은누나는 그렇게 만난 어떤 잘생긴 청년과 사랑에 빠졌다. 동본이성同本異姓인 김해 김씨와 김해 허씨였던 두 사람은 우여곡절 끝에 백년가약을 맺었지만, 슬픈 영화 속 이별의 주인공이 되고 말았다. 신혼 때 사고를 당한 자형慈兄이 너무 일찍 세상을 떠나는 바람에 발생한 비극이었다. 그 일로 젖먹이 갓난아이와 스물두 살의 꽃다운 누나만 세상에 남았다.

그 시절 꼬꿀암에서 만난 연인들은 기림사 오백나한전에 들러 영원한 사랑을 맹세하는 것이 유행이었다고 한다. 그 가운데는 더러 호기심에 오백나한전의 불상 헤아리기 게임을 하는 커플들도 있었던 모양이다. 그러다 중간에 그만

숫자를 까먹으면 그때까지 센 만큼의 햇수만 만나다가 헤어지는, 그런 말을 주고받으면서 서로 깔깔거리지 않았을까 싶다. 아마 열 개 이상은 세기 힘들었을 것이다. 그만큼 불상이 많고 모양도 엇비슷하기 때문이다.

내 기억 속에도 오백나한전의 나한상들은 정말 똑같이, 그러나 다르게 보였던 기억이 새롭다. 서로 닮은 듯 다른 듯 천진난만한 불상들이 좌대座臺 위에 빼곡했다. 저마다 경쟁하듯 해맑은 미소를 얼굴 가득히 머금고서.

올해 부처님오신날 즈음에도 그곳 '지름사'와 '꼬꿀암'에는 아카시아꽃이 만발해 있을 것이다. 내 유년 시절의 기억을 함께 품은 채.

애별리고愛別離苦

누구에게나, 굳이 먼저 혹은 자주 소식을 전하지 않더라도 마음속으로 늘 보고 싶은 친구가 하나쯤은 있을 터. 나에게도 그런 친구가 있었다. 중학교 때 만난 친구인데, 그 후 사는 환경이 서로 다르다 보니 10년쯤은 예사로 연락이 끊기기도 했다. 그래도 우리는 언제 어디서나 서로를 절친이라고 생각하는 마음에는 조금도 변함이 없었다. 친구는 그렇게 무덤덤한 사이라도 얼마든지 좋은 것.

제22대 총선을 앞둔 월요일 밤늦은 시각, 친구 부인이 오랜 암 투병 끝에 남편이 기어코 세상과 작별했다는 소식을 전했다. 사랑하는 사람과의 이별은 언제 겪어도 가슴 무너지는 일. 대상이 가족이든 이성이든 친구든 간에 이별의 본질은 변함없이 고통이다. 불가에서 특별히 '애별리고'라고 불리는 아픔이 바로 그것이다. 나는 절친의 죽음 앞에서 난생처음 애별리고의 통증을 온몸으로 절감했다. 빡빡머리 시절에 함께 만들었던 추억의 그림자가 유난히 길게 겹쳐졌기 때문일지도 모르겠다.

　나는 국민학교 때 아버지를 여의고, 마흔둘에 나를 낳은 어머니를 내 나이 마흔넷에 잃었다. 그때는 솔직히 애별리고가 뭔지도 몰랐다. 그저 부모님은 '때가 되면 저렇게 먼저 돌아가시나 보다' 하고 생각했지. 나이가 들어 되돌아보니 참으로 불효막심했다. 그렇다고 해도. 세대가 다른 부모님의 죽음과 동년배인 친구의 죽음은 체감도가 사뭇 달랐다. 아무래도 죽음과의 근접성에서 차이가 날 수밖에 없다는 사실과 무관하지 않을 듯하다.

　친구는 세상과 이별하기 며칠 전 일요일 밤에 두어 줄 남짓한 짧은 문자를 보내왔다. 가쁜 숨을 몰아쉬며 힘겹게 눌러 쓴 흔적이 역력했다. '그동안 정말 고마웠고', 친구인 내가 '잘되는 것이 세상에서 가장 기분 좋은 일'이라며, '다른 친구와도 연락이 닿아 허물없이 잘 지냈으면' 좋겠다고 했다. 그리고 곧바로 '안녕'이란 외마디 이별사. 친구의 마지막을 예감한 나는 서둘러 포항으로 내려가 눈과 입 주위만 조금 살아 있던 붓다의 앙상한 '고행상苦行像'과 만났다.

　나를 보자마자 친구는 내 두 손을 꼭 잡은 채 알아들을 수 없는 말로 저 혼자 한 시간 반을 웃다가 울다가를 반복했다. 얼마나 하고 싶은 말이 많았으면. 지켜보던 나는 끝내 참았던 눈물을 떨구고야 말았다. 끝까지 놓고 싶지 않았던, 죽어가는 친구의 손은 서럽도록 따뜻했다. 마음이 아팠다. 이틀 뒤 친구는 거짓말처럼 영영 내 곁을 떠났다.

그가 한 줌의 연기로 사라지던 날, 나도 모르게 '혼·잣·말'을 중얼거리고 있었다.

친구야,

어떻게 이런, 이른 이별이 다 있니.

사랑했고 또 사랑했어.

미안했고 또 미안했어.

친구야,

환하게 가끔은 멋쩍게 웃던 너의 모습이

눈앞에 어른거린다.

바르고 착하게 살았던 너.

좋은 몸 받아서 꼭 다시 이 세상에 올 것으로 믿어.

우리는 모두 윤회 전생하는 존재들이지.

너는 잠시 입고 있던 헌 옷을

새 옷으로 갈아입으러 간 것뿐이고.

무엇보다도 먼저, 일단 한숨 푹 주무시게나.

이승의 근심과 걱정은 다 내려놓고.

친구야,

너무 일찍 떠나버린 너에게

남은 내가 해주고 싶은 말은,

또 '사랑해'다.

머지않아 우리 다시 만나게 될 그날,

오늘 미처 못다 나눈 이야기 밤새도록 해보자구나.

아무리 그래도 그렇지, 친구야.

너에게는 차마 '안녕'이란 말은 못 하겠다.

무심코 내뱉은 말이 그대로 조사弔辭가 되었다. 애별리고
의 진실을 고스란히 담은.

올해는 부처님오신날 봉축 연등을 평소보다 두 배나 더
많이 달았다. 정년을 앞두고 헛헛해진 마음 탓도 있지만, 친
구의 앞선 죽음이 가져다준 '애별리고'의 고통을 치유하고
싶은 마음도 컸던 것 같다. 그다지 많이 남지 않은 시간. 붓
다의 가르침과 함께 외롭지만 쓸쓸하지 않고, 고독하지만
불행하지 않게 살다 갈 수 있기를.

고향 무정

내 고향은 소설가 김훈이 수필집 《자전거 여행》에서 '무기의 땅, 악기의 바다'라고 부른 아름다운 바닷가 경주 감포읍이다. 그는 이 함축적인 표현을 통해 7세기 전후의 인간 군상이 빚어낸 '무기의 꿈'과 '악기의 꿈'을 동시에 담아냈다.

《삼국유사》에 의하면 전쟁을 통해 무기의 꿈을 실현하고자 했던 문무왕은 죽어서 동해의 용이 되어서라도 나라를 지키겠노라고 다짐하지만, 정작 용이 되어 나타나서는 이승의 아들 신문왕에게 검은 옥대와 만파식적萬波息笛을 만들 대나무만 전해주었을 뿐이다. 이 대나무로 피리를 만들어 불면 온 세상이 평화로워질 것이라는 말과 함께 말이다.

이 이야기가 시사하는 바는 자못 의미심장하다. 무기의 꿈이 악기의 꿈으로 대체되는 과정이 결코 범상치 않기 때문이다. 그렇다면 무기의 꿈과 악기의 꿈은 결국 평화라는 지향성을 갖는다는 점에서 같은 코드로 읽힐 수 있지 않을까. 작가는 감은사지와 대왕암에서는 '무기의 땅'의 기록을, 그리고 만파식적을 만들 대나무를 싣고 떠다니는 동해안 바닷가에서는 '악기의 바다'의 흔적을 찾고 있는 듯하다. 상상력의 폭과 깊이가 예사롭지 않다. 작가라는 말은 아무나 들을 수 있는 호칭이 아닌가 보다.

중·고등학교 시절에 나는 심심하면 기림사를 찾곤 했다. 당시에는 '지름사'라고 부르던 그 절이다. 신작로에서 범바위를 오른쪽으로 끼고 개울가를 따라 절에 오르던 두 시간 남짓 걷는 길이 마냥 좋았다. 절 앞 사하촌의 냇가나 절 뒤쪽의 폭포 근처에 텐트를 치고 2, 3일씩 머물다 아무런 일도 없었다는 듯이 되돌아오곤 했다. 오가던 스님들이 "너 참, 귀 한번 잘생겼다"는 말을 던지곤 하셨다.

지금 생각해보면 그때 내가 왜 그랬는지 나도 잘 모르겠다. 그저 가고 싶어 갔고, 오고 싶으면 되돌아왔던 기억밖에 다른 이유는 없었던 것 같다. 내 마음속에 남아 있는 50여 년 전 빛바랜 기억들은 오늘도 그곳의 적막한 숲과 무심하던 물소리, 입가에 뜻 모를 미소만 짓게 했던 오백나한의 모습들을 고스란히 간직하고 있다.

일 년에 한두 번씩 성묘차 가는 고향길에 그 근처를 지나칠 기회가 있지만 왠지 선뜻 그쪽 방향으로는 핸들이 돌려지지 않는다. 굳이 핑계를 찾자면 바쁘다는 게 이유다. 빨리 서울로 돌아가지 않으면 안 될 것 같은 강박관념 비슷한 것이 나를 그렇게 만드는 것 같다. 서울로 돌아오는 길에 내 머릿속은 온통 유년기의 한 페이지에 대한 그리움뿐이지만, 같은 차 안에 타고 있는 아내나 아들놈은 전혀 딴생각을 하고 있을 것이 뻔하다. 그래서 가끔 나는 외롭고 슬프다.

어릴 적 고향을 떠올릴 수 있는 사람들은 점점 내 곁에서 사라져가는 반면, 그것과 전혀 관계없는 낯선 얼굴들은 갈수록 늘어만 간다. 이미 서방정토 아미타부처님의 세계로 떠난 부모 형제들은 말할 것도 없고, 연락이 끊긴 고향 친구들은 또 얼마나 많은가. 어디서 무엇을 하며 늙어가고 있을지 몹시 궁금하다. 여기까지의 고향이 그나마 유정有情의 고향이라면, 그다음부터는 고향 무정無情이라고밖에 달리 표현할 말이 없는 시공간이다.

고향 부근의 해변과 야산은 아무렇게나 지어진 러브호텔과 횟집 간판들로 아수라장이 되어버렸다. 대간첩작전용 철조망이 건재하던 70~80년대에는 그나마 아름다운 해안선과 바닷가 절벽이 남아 있었다. 그런데 이십여 년 전부터 가시화되기 시작한 남북화해의 바람이 오히려 이곳의 자연을 송두리째 파괴하고 있으니, 누구를 탓해야 할지 정말 모르겠다. 이념 전쟁에서 이긴 자본주의의 정신적 타락을 보는 것 같아 더욱 씁쓸하기만 하다. 경제적 부가 도덕적 여유까지 가져다주면 좀 좋으련만 세상의 이치는 한꺼번에 두

가지 모두를 가져다주지는 않는가 보다. 하나는 주되 다른 하나는 스스로 노력해서 찾지 않으면 안 된다는 무서운 가르침을 일깨워주고 있는 것 같아 새삼 옷깃을 여미게 된다.

사실 오랫동안 도회지에서 살던 사람들이 어쩌다 한 번씩 고향에 들러 지금까지도 고향을 떠나지 않고 남아 있는 사람들에게 옛날 그대로의 고향을 내놓으라고 윽박지르는 것은 무례하기 짝이 없는 노릇이다. 어쨌거나 자기들 스스로 떠난 고향을 도대체 누가 지켜주기를 바란단 말인가. 이는 마치 고깃국에 질린 사람들이 갑자기 된장국을 찾으면서 왜 여기도 고깃국밖에 없느냐고 고향 사람들을 면박주는 꼴이다.

지금 시골에서는 비싼 값에 땅을 사겠다는 도시인들의 달콤한 말에 현혹되어 조상 대대로 내려오던 논밭을 아무런 죄책감 없이 팔아넘기고 있는 것이 엄연한 현실이다. 명절이나 성묘 때 고향을 찾는 사람들은 이런 풍경이 못마땅하겠지만, 그곳 사람들이라고 왜 할 말이 없겠는가. "어차피 농사지어봤자 희망도 없는데, 우리도 고향 버리고 도회지로 떠난 너희처럼 편하게 사는 게 뭐가 잘못이냐?"라고 항변하고 싶을지 모를 일이다. 비단 내 고향뿐이겠는가. 모르긴 몰라도 아마 전국의 고향 모습은 대체로 비슷할 것이다.

그렇게 팔린 땅 위에는 예외 없이 모텔이나 별장, 술집, 레스토랑 등이 들어서고 있다. 기왕에 살던 집은 너나 할 것 없이 무슨 펜션 또는 무슨 횟집으로 빠르게 이름을 바꾸어 달고 있다. 이제 고향 땅에는 더 이상 문전옥답도 없고 잡초가 자랄 여유도 없는 것이다. 그래서 가객 최백호는 "그대 고향에 가거든 고향을 찾지 마오. 꿈결 속에서 본 고향은 꿈속에서나 간직하고…"라고 노래했던 모양이다.

나는 경기도 일산에서 한강변을 따라 자동차로 출퇴근하는 생활을 반복하고 있다. 기름값이 만만치가 않다. 하지만 아침에는 떠오르는 태양을 마주 보며 삶의 의지를 되새김하는 여유를 즐기며, 그리고 저녁에는 한강과 서쪽 하늘을 온통 붉게 물들이는 석양을 바라보며 회상에 젖는 나만의 풍류에 중독이 되어 당장 승용차 출퇴근을 그만두기는 힘들 것 같다.

오늘은 집으로 돌아오는 길에 문득 미술사학자 고유섭 高裕燮(1905~1944)이 '나의 잊히지 못하는 바다'라고 명명한 경주의 문무대왕릉 앞바다를 떠올려보았다. 어느 여름날 밤 그곳에서는 멀리 석굴암의 불빛이 아스라이 보였더랬다. 시골에서 자랄 때 나의 소원은 경주와 감포 사이를 가로막고 있는 추령秋嶺 너머 어디론가 멀리 도망가서 사는 것이었다. 지금 내가 살고 있는 일산은 일단 그곳으로부터 멀리 떨어져 있는 도시이니 최소한 그 꿈의 일부는 이룬 것 같기도 하다.

가만히 생각해보면 고향이 유정인들 어떻고 무정인들 어떠랴 싶다. 어떤 사람들은 유정은 괴롭고 무정은 슬프다고 말하지만, 이제부터 나는 고향에 관한 한 유정이든 무정이든 상관하지 않으리라. 살아보니 고향의 본질은 언제나 내가 기억하고 그리워하는 만큼만 고향이라는 것을 아프도록 깨닫게 되었기 때문이다.

돌고 돌아 결국 '혼·잣·말'을 하고 말았다. 그동안 교계 여기저기에 썼던 칼럼들을 모으고 지금의 내 감상을 보탠 글로 겨우 수필집 한 권을 내게 되었다. 가난했고 절망했고 무기력했던 내 유년 시절이 떠올라 글을 다시 읽는 내내 괴롭고 힘들었다. 그래도 정년퇴임을 앞두고 지나온 삶의 흔적들을 정리하는 기회를 가지는 것이 좋겠다고 애써 자위했다. 이 모든 것은 세상을 향한 주제넘은 말이 아니라 당신을 향한 나의 '혼·잣·말'이었음을 감히 고백하면서 글을 마친다.

혼 · 잣 · 말

초판 1쇄 인쇄   2024년 6월 5일
초판 1쇄 발행   2024년 6월 15일

지은이   허남결
발행인   원명

대표   남배현
본부장   모지희
편집   손소전 김옥자
디자인   정면
마케팅   서영주
경영지원   허선아

펴낸곳   모과나무
주소   서울시 종로구 삼봉로 81 두산위브파빌리온 1308호
전화   02-720-6107
전송   02-733-6708
이메일   jogyebooks@naver.com
등록   2006년 12월 18일 (제2009-000166호)
구입문의   불교전문서점 향전(www.jbbook.co.kr) 02-2031-2070

ISBN 979-11-87280-57-6 03220

모과나무는 (주)조계종출판사의 단행본 브랜드입니다.
지혜의 향기로 마음과 마음을 잇습니다.